Carlo M. Martini

Du, den ich suche

Vorwort

In diesem Band sind die Meditationen und Ansprachen zusammengefaßt, die der Erzbischof von Mailand, Carlo Maria Kardinal Martini, während eines Exerzitienkurses gehalten hat. Dieser Kurs wurde im Juli 1988 für Jesuiten und Angehörige anderer Orden durchgeführt, die im Tschad wirken.

Exerzitien sind für den, der sich auf sie einläßt, ein Stück Heilsgeschichte. Deshalb besteht zwischen Exerzitien und der Bibel ein enger Zusammenhang. Im Anschluß an die geistlichen Übungen des Ignatius von Loyola denkt der Erzbischof von Mailand über die Gestalt des Königs David nach. Seine Überlegungen haben zum Ziel, den Heilsplan Gottes in Jesus Christus besser und tiefer zu verstehen. Christliches Leben bedeutet, im Bewußtsein zu wachsen, daß wir Kinder Gottes in Jesus Christus sind und daß wir also in unserer Verähnlichung mit ihm, dem eingeborenen Sohn, wachsen müssen. Daher ist es auch von Bedeutung, welchen Weg das Alte Testament auf dieses Ziel hin vorstellt. Jesus Christus ist ja als der verkündigt, in dem die Schrift erfüllt wird. Er führt zur Vollendung, was in Abraham begonnen wurde und was auch mit dem Königtum Davids zu tun hat. Wenn wir das Alte Testament vergessen, riskieren wir, in Christus einen Revolutionär und politischen Helden zu sehen, oder aber einen ungeschichtlichen Jesus. So verstellen wir uns den Blick auf Jesus Christus, wie er wirklich ist: Herr unserer Individualgeschichte und Herr der Menschheitsgeschichte.

Um Jesus zu verstehen, müssen wir also die Stufen kennen und begreifen, auf denen Gott sein Volk im Alten Testament vorbereitet hat. Diesbezüglich sind die Überschriften der Einzelbetrachtungen des Kardinals von besonderer Bedeutung. Die Exerzitienteilnehmer werden mit der Gestalt dieses Davids immer tiefer vertraut gemacht. David ist der Mensch nach dem Herzen Gottes. Er ist es nicht, weil er eine bessere Moral besäße, sondern aufgrund seines Glaubens, seines Gehorsams und seiner Sensibilität für Gottes Heiligkeit und Größe. Die Begegnung zwischen David und Jesus läßt einem vieles aufgehen. Der Bischof treibt die Zusammenschau sogar an den Punkt, wo er die Geschichte der Herkunft Davids mit den Kindheitsevangelien in Zusammenhang bringt. Er denkt über Ruth nach, von der sowohl David als auch Jesus abstammen.

Exerzitien haben für das Christenleben einen großen geistlichen Wert. Martini selbst hat in einem Fernsehinterview gesagt, die geistlichen Übungen des heiligen Ignatius seien geeignet, einen zu lehren, wie man als Christ denken soll. Er nennt sie auch „eine äußerst interessante Reise unseres Geistes, denn sie lehren uns, Wirklichkeiten zu entdecken, die uns zuerst anziehen und dann enttäuschen, während uns andere anfänglich Angst machen, dann aber unser Leben erfüllen." Die Kirche hat immer dazu aufgerufen, Exerzitien zu machen. Pius XI. nennt in der Enzyklika „Mens nostra" von 1929 unter allen geistlichen Übungen die Exerzitien des heiligen Ignatius „die am meisten zu empfehlende und die fruchtbarste".

Der Stil der Betrachtungen ist eher einfach, ohne überkritische Gedankengänge. Das Verstehen Davids soll wachsen, des Sünders, der aus dem Glauben lebt. Der einzelne Leser möge den Weg der Exerzitienteilnehmer nachvollziehen. Er wird Altes und Neues aus dem Schatz der Heilsgeschichte entdecken. Auf jeden Fall wird das Buch dazu beitragen, sich christlicher Verbindung mit dem jüdischen Volk tiefer bewußt zu werden. Ebenso mag es helfen, daß wir erkennen, wie weit wir noch von Christus und seiner Botschaft entfernt sind, obwohl wir ihm doch in der Taufe eingegliedert wurden.

Inhalt

Inhalt

Inhalt

Einführung

1. Beginnen wir mit der Lektüre von Psalm 63. Ich habe ihn als eine Art Sinnbild für diese Exerzitien ausgewählt. In der hebräischen Bibel lautet die Überschrift:

Ein Psalm Davids, als er in der Wüste Juda war.

Gott, du mein Gott, dich suche ich,
meine Seele dürstet nach dir.
Nach dir schmachtet mein Leib
wie dürres, lechzendes Land ohne Wasser.
Darum halte ich Ausschau nach dir im Heiligtum,
um deine Macht und Herrlichkeit zu sehen.
Denn deine Huld ist besser als das Leben;
darum preisen dich meine Lippen.

Ich will dich rühmen mein Leben lang,
in deinem Namen die Hände erheben.
Wie an Fett und Mark wird satt meine Seele,
mit jubelnden Lippen soll mein Mund dich preisen.
Ich denke an dich auf nächtlichem Lager
und sinne über dich nach, wenn ich wache.
Ja, du wurdest meine Hilfe;
jubeln kann ich im Schatten deiner Flügel.
Meine Seele hängt an dir,
deine rechte Hand hält mich fest.
Viele trachten mir ohne Grund nach dem Leben,
aber sie müssen hinabfahren in die Tiefen der Erde.
Man gibt sie der Gewalt des Schwertes preis,
sie werden eine Beute der Schakale.

Der König aber freue sich an Gott.
Wer bei ihm schwört, darf sich rühmen.
Doch allen Lügnern wird der Mund verschlossen.

Bekanntlich standen die hebräischen Psalmenüberschriften nicht von Anfang an da, sind aber gleichwohl sehr alt. Mir ist wichtig, was sie für Israel bedeuteten. Dementsprechend hat Jesus den Psalm 63 als ein Lied gelesen – oder besser gesagt, als einen einzigen lauten Ruf –, mit dem David sein übergroßes Verlangen nach Gott zum Ausdruck bringt.

2. Ich möchte in diesen Exerzitien mit Ihnen über die Gestalt Davids nachdenken, deshalb habe ich diesen Psalm ausgesucht. Im Neuen Testament wird David als erster nach Jesus erwähnt: „Stammbaum Jesu Christi, des Sohns Davids" (Mt 1,1). Neunundfünfzigmal wird sein Name dann noch im Neuen Testament genannt.

Im übrigen handeln die umfangreicheren Erzählungen des Alten Testaments von ihm: ein großer Teil des ersten Buches Samuel und das gesamte zweite Buch Samuel sowie der Anfang der Bücher der Könige, ebenso Teile der Chronikbücher. Die Propheten Jesaja, Jeremia, Ezechiel, Amos und Sacharja zitieren ihn. Das Buch der Weisheit bezieht sich auf ihn. Dreiundsiebzig Psalmen werden in der jeweiligen Überschrift ihm zugeschrieben.

Abraham, Mose und David – das sind die großen Namen des Alten Testamentes. Abraham und Mose standen im Mittelpunkt von zwei Exerzitien, die ich vor Jahren geleitet habe. Gerne nehme ich die Gelegenheit dieses Kurses zum Anlaß, über David nachzudenken und ihn besser zu verstehen.

Natürlich sind für mich Interesse und Freude an dieser herausragenden Gestalt als solcher nicht entscheidend. Vielmehr möchte ich Jesus Christus besser verstehen. Der Blinde, von dem Markus berichtet, ruft laut, betet: „Sohn Davids, hab Erbarmen mit mir!" (Mk 10,47 f) Zu Beginn des Römerbriefes schreibt Paulus, er sei zum Apostel berufen, „das Evangelium zu verkündigen, das Gott durch seine Propheten im voraus verheißen hat in den heiligen Schriften: das Evangelium von seinem Sohn, der dem Fleisch nach geboren ist als Nachkomme Davids" (Röm 1, 1–3). Nachdem Gott den Saulus verworfen hatte, berichtet die Apostelgeschichte, „erweckte er ihnen David zum König, von dem er bezeugte: Ich habe David, den Sohn des Isai, als *einen Mann nach meinem Herzen* gefunden, der in allem meinen Willen tun wird" (Apg 13, 22).

Wer David kennt, kennt und versteht Jesus besser. Überhaupt wird Jesus ohne Berücksichtigung des Alten Testamentes zu einer sehr abstrakten Gestalt. Soziologische, rein humane oder meinetwegen zukunftsinteressierte Perspektiven treten in den Vordergrund. Doch ist Jesus der Sohn Davids. In ihm verwirklicht sich die Verheißung, die dem David zuteil wurde. Jesus ist der Sohn Gottes, der Mensch wurde in seinem Geschlecht und in der Geschichte seines Volkes. Daher ist es außerordentlich wichtig, daß wir uns die Texte erschließen, die von David reden. Wir wollen also vom Herrn erbitten, er möge uns die Gnade schenken, so über David nachzudenken, daß wir zu der alles übertreffenden Erkenntnis Jesu Christi gelangen, von der Paulus redet (vgl. Phil 3, 8).

Es gibt noch andere Gründe, warum ich mich dem David zuwenden möchte. Mein Vorgänger auf dem Bischofsstuhl von Mailand, der heilige Ambrosius, hat ihm zwei exegetische Abhandlungen gewidmet: *De interpellatione Job et David* und *De apologia prophetae David.* In seinen Predigten kommt er vor den Leuten immer wieder auf ihn zu sprechen. Manche Forscher neigen dazu, die *Apologia* auf das Jahr 388 zu datieren (das wäre jetzt vor eintausendsechshundert Jahren): die zunehmenden Probleme, die der Bischof mit dem Kaiser Theodosius hatte, hätten ihn veranlaßt, sich eingehend mit dem König aus Israel zu befassen. Den Kaiser habe er in der Rolle Davids gesehen, sich selbst aber in der Rolle des Propheten Natan, gerufen, den Theodosius zur Umkehr zu bewegen.

Wer sich in die Gestalt Davids vertieft, wird auch jene grundlegende Meditation aus den „Exerzitien" des Ignatius von Loyola besser vollziehen können, die so umschrieben wird: „Sich einen menschlichen König vor Augen stellen, von Gott unserem Herrn selber erwählt" (Nr. 92). Gemäß der Schrift ist David der von Gott erwählte König, ist in seiner Person die Symbolfigur des von Gott auserwählten Herrschers. Deshalb verhilft er uns zu einem vertieften Verständnis Jesu Christi, des Königs von Ewigkeit. Diese Exerzitien möchten letztlich ein Versuch sein, das Königtum Jesu besser zu begreifen.

3. Von daher versteht sich auch meine Auswahl der Schriftlesungen. Es sind vor allem Begebenheiten aus den beiden Samuelbüchern, die mit der großen Gedankenbewegung der Exerzitien zu tun haben. Diese meint und beinhaltet den Versuch, den Willen Gottes in Jesus zu ergründen. Mit Bedacht habe ich *Psalm 63* als eine Art Sinnbild für unsere Meditationen bezeichnet. In ihm kommt nämlich die Grundhaltung zum Ausdruck, die auch wir uns zu eigen machen müssen: *Das Verlangen nach Gott.* „Gott, du mein Gott, dich suche ich" – das sind vielleicht die schönsten Worte, die dem David in den Mund gelegt werden.

Zu Beginn dieser Tage sind wir gerufen, in uns das Verlangen nach Gott neu zu erwecken und zu beleben, jenes Verlangen, das David in seinem Psalmenlied so nachdrücklich deutlich macht.

„Ich suche dich." In alten Textversionen heißt es: „In der Frühe stehe ich auf zu dir." Das bedeutet: Du bist am frühen Morgen mein erster Wunsch, mein erstes Verlangen. Es hängt mit unserer Psychologie zusammen, daß beim Erwachen das als erstes aufbricht bzw. ins Bewußtsein rückt, was wir in der Tiefe ersehnen oder was wir besonders fürchten.

„Meine Seele dürstet nach dir." Dieses Verlangen wird mit Durst in der Wüste verglichen. Dort, wo es kein Wasser gibt, verlangt der Mensch am meisten danach.

„Nach dir schmachtet mein Leib." Ohne dich bin ich von jeder Nahrung abgeschnitten, ohne dich verlassen mich die Kräfte. Diese Worte beschreiben den Menschen, wie er ist, einen jeden von uns. Mögen auch die täglichen Geschäfte verhindern, daß wir es immer klar und deutlich vor Augen haben, aber es ist und bleibt wahr: In der Tiefe haben wir einen unstillbaren Durst nach Gott, den wir auch zulassen sollten.

Wir beten:
„Mein Gott! Erwecke in mir das Verlangen nach dir, jenes Verlangen, das ja schon in mir ist als das eigentlich große Verlangen und Streben meines Lebens. Manchmal vergesse ich das. Ich weiß aber, daß es der einzige wahre Antrieb meiner Existenz ist. Was ich vollbringe, denke und tue, kommt in seinen Wurzeln aus dem Verlangen nach dir. Ich erbitte für mich und für die anderen, die an diesen Exerzitien teilnehmen, du möchtest uns erkennen lassen, wie sehr wir dich brauchen. Wie frisches, sprudelndes Wasser möge diese Erkenntnis in uns aufsteigen, damit wir bei dir das Leben haben. Das war es, was David in der Einsamkeit der Wüste von Juda besungen hat. Sein lautes Rufen möge unser Rufen werden, damit wir wieder neu entdecken, was letztlich die Wahrheit unseres Menschseins ausmacht."

Maria hatte das Verlangen, die Tage des Messias und das Antlitz Gottes zu sehen. Sie helfe uns und begleite uns, damit dieses Verlangen auch aus unserer eigenen Mitte heraus freigesetzt wird; damit es groß und stark werde durch sein Wort.

Gott liebt David

Das Gebet, das ich an den Beginn dieser Meditation stelle, ist vom ersten Vers des Psalmes 63 inspiriert: „Gott, du mein Gott, dich suche ich."

„Gewähre mir, o Gott, dich als Gott zu suchen. Schreibe in mein Herz jene Worte ein, die du dem Apostel Thomas eingegeben hast, der vor dem Auferstandenen ausrief: Mein Herr und mein Gott! Vor allem das Wort *mein* senke in mein Herz, denn es geht ja um das Ganze des Lebens, *meines* Lebens. Jesus, am Kreuz hast du ausgerufen: Mein Gott, mein Gott, warum hast du mich verlassen? Hilf mir, daß ich dich allezeit suche, auch dann, wenn ich mich ganz verlassen fühle. Hilf uns, daß wir dich an allen Tagen, die ja die deinen sind, von der Frühe des Tages an suchen. Beharrlich sei unser Suchen, niemals aber eigentlich ermüdend oder von Langeweile geprägt.

O Vater, schenke uns deinen Heiligen Geist, damit er uns anleite, dein Antlitz zu suchen. Das erbitten wir durch deinen Sohn, unseren Herrn, dessen Angesicht wir schauen möchten.

Maria, die allzeit jungfräuliche Mutter Jesu, stehe uns mit ihrer Fürbitte bei. Sie hat ja begriffen, was das bedeutet: Heiland aller Völker – Heiland eines einzigen Volkes. Laßt uns innewerden, was Christus für die ganze Menschheit bedeutet! Laß es uns erkennen, indem wir über David nachdenken, deinen Knecht, den Vater deines Sohnes. Amen."

Zuerst möchte ich an die vier Grundkomponenten von Exerzitien erinnern; danach lege ich Ihnen eine Meditation zum Thema vor: *Gott liebt David*

1. Die Grundkomponenten von Exerzitien

1. Die erste Hauptkomponente ist das *liturgische Gebet.* In Nr. 20 des Exerzitienbüchleins redet Ignatius von ihm: Auch wenn man sich in eine gewisse Abgeschiedenheit zurückzieht, solle man doch Gelegenheit suchen, täglich an der heiligen Messe und an der Vesper teilnehmen zu können. Für uns sind Messe, Laudes und Vesper Selbstverständlichkeiten. Trotzdem bleibt der Auftrag, das liturgische Gebet gut zu verrichten – nicht zu hastig, ruhig. Es trägt ja eine ganz außerordentliche Kraft in sich.

2. Die zweite Grundkomponente von Exerzitien ist das *persönliche Gebet.* Nach Ignatius muß es fünf Bestandteile aufweisen. Die nächtliche Betrachtung, als fünften Punkt, dürfen wir überspringen. Drei von ihnen sind Schriftlesungen (oder das Hören von Schriftlesungen), der vierte ist ein schlichtes, ganz persönliches Gebet. Dieses vollziehe man so, daß man durchaus die Heilige Schrift beiseite legt und direkt auf Jesus schaut. Alles, was uns tagsüber beschäftigt hat, sollen wir sozusagen in einem einzigen meditativen Anlauf einbringen.

3. Zu den Exerzitien gehören *Meditationspunkte,* die der Exerzitienmeister vorlegt. Ich werde das in der Weise zu tun versuchen, daß ich morgens auf einige Gesichtspunkte aus einem Abschnitt der Heiligen Schrift aufmerksam mache, dann am Nachmittag aber – falls es sich empfiehlt, die Schriftauslegung fortzusetzen – einen kurzen Vortrag halten. Zusammen mit der Predigt in der heiligen Messe betrifft diese zweite Komponente also zuerst einmal den Exerzitienmeister.

4. In Exerzitien soll es auch um *Austausch über den Glauben* gehen. Glaube, der nur für sich lebt, sozusagen im stillen Herzkämmerlein, verkümmert auf die Dauer. Eine erste Form des Austausches ist ja schon durch das gemeinsame Gebet gegeben. Alle sind darüber hinaus eingeladen, sich am Abend noch einmal zusammenzufinden, um sich wechselseitig mitzuteilen, was einem jeden in der Betrachtung wichtig geworden ist und für die anderen wichtig und nützlich sein könnte. Natürlich ist es auch möglich, daß sich zwei oder drei Exerzitienteilnehmer untereinander oder mit mir über den Glauben austauschen.

2. *Prinzip und Fundament der Geschichte Davids*

Nachdem Ignatius mit dem langen Titel seines Exerzitienbüchleins deren Zweck erklärt hat (Nr. 21), kommt er auf ihr *Prinzip und Fundament* zu sprechen (Nr. 23). Es geht also um eine Reihe von Wahrheiten, die für unser Leben grundlegend sind und von denen es abhängt.

Von daher möchte ich die Frage stellen: Was ist *Prinzip* und *Fundament* der Geschichte des David? Die Texte aus dem ersten und zweiten Samuelbuch geben darauf umfassend Antwort, ich überlasse sie im wesentlichen der Lektüre jedes einzelnen. Selber beschränke ich mich darauf, in dieser Betrachtung jenes Prinzip und Fundament zu verdeutlichen, von dem ich glaube, daß es für uns Schlüsselcharakter hat: Es entschlüsselt uns die Verbindung zwischen Jesus und der Gestalt Davids. Ich werde dann versuchen, einen Bezug zu unserer persönlichen Lebensgeschichte herauszustellen.

Zuerst einmal könnten wir überlegen, ob nicht der Beginn von Psalm 63 fundamental ist, um das Leben des David gewissermaßen zu umschreiben. Wir haben gesagt, daß ihm dreiundsiebzig Psalmen zugeschrieben werden, wenngleich diese Zuschreibung keinen historischen Wert hat. Wir dürfen uns aber einen Hinweis der *„Jerusalemer Bibel"* vor Augen halten: „Ohne Zweifel stammen nicht alle Psalmen der davidischen Sammlung von ihm, aber diese Sammlung dürfte sich um einen authentischen Kern herum gebildet haben ... Bedenkt man, was die geschichtlichen Bücher von seinen Gaben als Harfenspieler, 1 Sam 16, 16–18, vgl. Am 6, 5, und als Dichter, 2 Sam 1, 19–27; 3, 33–34, was sie von seiner Vorliebe für den Kult berichten, 2 Sam 6, 5.15–16, so wird man zugeben, daß es im Psalter Stücke geben dürfte, die David zum Verfasser haben ... Man wird David, ,dem Sänger der Lieder Israels', 2 Sam 23, 1, immer eine wesentliche Rolle beim Entstehen der religiösen Dichtung des erwählten Volkes zuschreiben müssen" (Neue Jerusalemer Bibel, Freiburg i. Br. 1988, S. 727 f: Einleitung zu den Psalmen). Wir müssen uns also der Sichtweise des hebräischen Volkes und der Sichtweise Jesu anschließen, der die Psalmen im sicheren Bewußtsein gebetet hat, daß sie von David herstammen.

Mit voller Absicht habe ich darauf hingewiesen, daß der Psalm 63 außerordentlich interessant ist. Er zeigt uns, wie die ganze Geschichte Davids von der Suche, von der brennenden Sehnsucht nach Gott bestimmt ist. Er ist ein schwacher Mensch, ein Sünder. Gleichwohl streckt er sich mit aller Kraft nach Gott aus, verlangt nach ihm mehr als nach allem anderen. Natürlich liebt er die Menschen seiner Umgebung, die Freunde, die Frauen, das Kriegführen. Vor allem anderen und allen anderen aber liebt er Gott.

Auch der *Psalm 18* redet von diesem brennenden Verlangen nach Gott. Nach der Überschrift („Dem Chormeister, von David, dem Knechte Jahwes; die Worte dieses Liedes sang der Jahwe, nachdem ihn Jahwe errettet hatte aus der Hand all seiner Feinde und aus der Hand des Saul") heißt es: „Ich will dich lieben, Jahwe, meine

Stärke!" Diese Worte bezeichnen gewissermaßen das Leitmotiv seines Lebens, dessen eigentliches Geheimnis.

Dies ist der Sachverhalt, wie er sich freilich nur auf den ersten Blick auftut. Wenn wir den Psalm 18 nicht im Psalmenbuch lesen (hier handelt es sich wohl um eine spätere Textfassung), sondern im zweiten Samuelbuch (22, 2 ff), dann wartet eine Überraschung auf uns. „Ich will dich lieben, Jahwe, meine Stärke!", so haben wir noch im Ohr. In diesem „Psalm Davids", in der Version des Samuelbuches, steht dagegen: „Jahwe ist mir ein Fels, ein Zufluchtsort und ein Erretter." Das Prinzip und die Basis des Lebens von David besteht also nicht in erster Linie darin, daß er Gott liebt. Vielmehr ist es *Gott, der David liebt.*

Das Hohelied redet von einem jungen Mann, der im Hebräischen stets „dod" heißt (bzw. „dodi"), der „Geliebte". Die hebräischen Buchstaben entsprechen denen des Davidnamens. Er ist der von Gott Geliebte. Man mag auch an Joh 13, 23 denken: „Der Jünger, den Jesus liebte." Der Schlüssel zum Leben Davids besteht in der Tatsache, daß Gott ihn mag; daß er ihn liebt. In dieser Perspektive wollen wir ein wenig über die Wahl Davids nachdenken. Die Exegeten diskutieren, ob es sich um drei unterschiedliche Traditionen handelt, die hier zusammentreten. In einer ganzheitlichen Sichtweise der Bibel können wir diesen Textbefund aber prinzipiell so deuten, daß hier sozusagen drei Weisen beschrieben sind, auf die Gott den David liebt und wie er ihn zu sich ruft.

Wenden wir uns zunächst einem Abschnitt aus 2 Samuel 7 zu. Hier wird versucht, die gesamte Davidsgeschichte sozusagen in einer großen Perspektive zu verbinden. Vermutlich handelt es sich um einen später eingefügten Text. Er wird in den Psalmen, in den Prophetenbüchern und im Neuen Testament häufig zitiert: Im Bericht über die Verkündigung an Maria, in Joh 17 und in der Apostelgeschichte gibt es Anspielungen auf dieses Kapitel. Wir interessieren uns vor allem für die Verse 8 und 9. David möchte einen Tempel bauen, der Prophet Nathan ist einverstanden. In der Nacht ergeht aber das Wort des Herrn an Nathan. Im Gehorsam gegen Gott sagt es der Prophet weiter: „Sag also jetzt meinem Knecht David: So spricht der Herr der Heere: Ich habe dich von der Weide und von der Herde weggeholt, damit du Fürst über mein Volk Israel wirst, und ich bin überall mit dir gewesen, wohin du auch gegangen bist. Ich habe alle deine Feinde vor deinen Augen vernichtet, und ich will dir einen großen Namen machen, der dem Namen der Großen auf der Erde gleich ist" (2 Sam 7, 8–9).

Die Geschichte Davids läßt sich dahingehend zusammenfassen, daß Gott auf David zugeht und ihn mit seiner Liebe umfängt. Diese Liebe war es, die Gott motiviert hat, den unbekannten Hirten zu einer bedeutenden Persönlichkeit zu machen.

Schauen wir genauer auf die Berufungsgeschichte, dann können wir gewissermaßen drei Schichten ausmachen:
– die Berufung durch göttliche Wahl,
– die Berufung, die durch die Gegebenheiten und Umstände zustandekommt,
– die Berufung, die darin besteht, daß der Berufene ja dazu sagt.
Es handelt sich gleichsam um drei Wege, auf denen die Liebe Gottes zum Menschen kommt.

1. *1 Sam 16, 1–13*. Die Begebenheit ist sehr bekannt. Samuel hat den Auftrag, auszugehen, ein Opfer darzubringen und aus den Söhnen des Bethlehemiters Isai einen König auszuwählen. Der Text ist unter erzählerischen Gesichtspunkten sehr schön. Einer nach dem anderen von den Söhnen Isais tritt vor Samuel hin. Jedoch bedeutet Gott dem Propheten immer wieder, daß es sich nicht um den Auserwählten handle. Schließlich wird der

Jüngste der Söhne herbeigerufen, der gerade die Schafe hütet. Als er vor Samuel hintritt, spricht Gott: „Auf, salbe ihn! Denn er ist es!" (V. 12).

Der junge Mann hat kein Verdienst vorzuweisen. Er besitzt auch keinen wahrnehmbaren Vorzug vor den anderen. Was in den Augen von Menschen etwas gelten könnte, wird zuvor in der Geschichte, als Eliab vor Samuel tritt, sogar abgewertet: „Sieh nicht auf sein Aussehen und seine stattliche Gestalt, denn ich habe ihn verworfen." Der ältere Bruder Eliab ist groß, stattlich und von sich eingenommen. In Kapitel 17 lesen wir, wie er reagiert, als David sich aufmacht, um die Herausforderung Goliaths anzunehmen: „Sein ältester Bruder Eliab hörte, wie er mit den Männern redete, und er wurde zornig auf David. Er sagt: Wozu bist du denn hergekommen? Wem hast du denn die paar Schafe in der Wüste überlassen? Ich kenne doch deine Keckheit und die Bosheit in dir. Du bist nur hergekommen, um den Kampf zu sehen" (V. 28), während ich doch – so könnte man ergänzen – meine Pflicht tue und dem Vaterland diene!

Wir mögen jetzt besser verstehen, warum Gott den Eliab verwirft. Aber auch die anderen Brüder verwirft er, bis der Jüngste daherkommt. Der „war blond, hatte schöne Augen und eine schöne Gestalt" (V. 12). Diese Beschreibung hebt indirekt hervor, daß er nach herkömmlichen Maßstäben zum König nicht geeignet ist. Saul „überragte alle um Haupteslänge" in Israel (1 Sam 9, 2), deshalb war er erwählt worden. Der König mußte ja vor allem Heerführer sein. Wer blond ist, schöne Augen hat und eine schöne Gestalt, der bringt von daher keine passenden Eigenschaften zu einem Kriegsmann mit. Dieser muß eine Herrscherfigur sein.

David ist nur ein gewöhnlicher Mensch, ein „guter Kumpel", würde man heute sagen. Aber der Herr liebt ihn. „Samuel nahm das Horn mit dem Öl und salbte David mitten unter seinen Brüdern. Und der Geist des

Herrn war über David von diesem Tage an" (V. 13).
Röm 5, 5 kommt in den Sinn: „Die Liebe Gottes ist
ausgegossen in unsere Herzen durch den Heiligen
Geist, der uns gegeben ist." Gott liebt einen Menschen.
Von daher erklärt sich zuerst eine Berufung durch
Gott. Auf diese Geschichte der Erwählung Davids wird
später nicht mehr angespielt. Die bleibt Geheimnis
Gottes, der durch seinen Geist diesen Menschen in Be-
sitz genommen hat.

2. *2 Sam 16,14–23.* In der zweiten Erzählung gibt es
also keine Anspielung auf die erste. Diesmal geht es um
Umstände und Situationen. Saul ist nervlich schwer be-
lastet, immer wieder bemächtigt sich die Melancholie
seiner. In der Zeit, aus der hier berichtet wird, ist er ganz
besonders traurig, weil Gott ihn verworfen und der Prophet Samuel ihn verlassen hat. Deshalb verlangt er nach
jemandem, der ihm die Zither spielen soll. Jemand
kennt den David und seine musikalische Begabung, die
Rede davon gelangt auch an Saul. „Da schickte Saul Boten zu Isai und ließ ihm sagen: Schick mir deinen Sohn
David, der bei den Schafen ist. Isai nahm einen Esel,
dazu Brot, einen Schlauch Wein und ein Ziegenböck-
chen und schickte seinen Sohn David damit zu Saul ...
So kam David zu Saul und trat in seinen Dienst"
(VV. 19–20). Die Konstellation der Umstände ist also
günstig und unerwartet. Die Wahl Sauls mußte von daher auf ihn, David, fallen. Gott wirkt durch die Umstände.

3. *1 Sam 17,12–39.* Es gibt eine dritte Dimension der
Berufung. Sie besteht darin, daß der Berufene ja zu ihr
sagt und das mit ihr verbundene Risiko übernimmt. Na-
türlich geht sie Hand in Hand mit den beiden anderen
Formen, mit der Berufung durch Gott und dem Handeln
Gottes durch die Situationen und Umstände.

Zuerst ist die Rede von Goliat; er wird furchterregend
beschrieben. Ignatius spielt in seinem Exerzitienbüch-

lein wohl darauf an, wo er von den beiden Heerlagern redet (Nr. 140).

Da kommt David zufällig vorbei. Er bringt seinen Brüdern, die im Feld sind, Käse, Korn und Brote. Er hört den Goliat reden, vernimmt seine Drohreden gegen Israel und fragt, warum niemand die Herausforderung annimmt. Eliab bedeutet ihm (wir hörten es schon), er solle sich darum nicht kümmern. Darüber wundert sich David sehr. Deshalb fragt er einen anderen dasselbe. „Als das bekannt wurde, was David gesagt hatte, berichtete man davon auch in Sauls Umgebung, und Saul ließ ihn holen. David sagte zu Saul: Niemand soll wegen des Philisters den Mut sinken lassen. Dein Knecht wird hingehen und mit diesem Philister kämpfen. Saul erwiderte ihm: Du kannst nicht zu diesem Philister hingehen, um mit ihm zu kämpfen; du bist zu jung, er aber ist ein Krieger seit seiner Jugend. David sagte zu Saul: Dein Knecht hat für seinen Vater die Schafe gehütet. Wenn ein Löwe oder ein Bär kam und ein Lamm aus der Herde wegschleppte, lief ich hinter ihm her, schlug auf ihn ein und riß das Tier aus seinem Maul. Und wenn er sich gegen mich aufrichtete, packte ich ihn an der Mähne und schlug ihn tot" (VV. 31–35).

Im Namen Gottes übernimmt also David das Risiko. Seine Worte verdienen, genau meditiert zu werden. Natürlich verläßt sich David auch darauf, daß Gott ihn ja immer geschützt hat. Trotzdem ist es noch einmal ein eigener Akt des Mutes, den er setzt. Und diese Tat hat den Charakter des Endgültigen. Es geht um Leben oder Tod. Experiment, ein „Nur-zur-Probe": das reicht nicht. In diesem Augenblick sagt David voll und ganz ja zu seiner Berufung.

3. Prinzip und Fundament meines Lebens

Denken wir nun über Prinzip und Fundament unserer je eigenen Lebensgeschichte nach.

1. Erwählung durch Gott. Gott hat mich gewollt und erwählt. Er liebt mich. Das ist die fundamentale Wahrheit meines Lebens, ist die Definition des Menschen. Hätte er mich nicht zuerst geliebt, wäre ich nicht hier. Was immer mir auch zustoßen mag – bis hin zum Verlust meiner Berufung, der Gnade, des Glaubens –, wahr ist und bleibt, daß Gott mich liebt. Über diesem Fundament kann ich in jedem Moment alles neu aufbauen.

In unvergleichlicher Weise redet der Apostel Paulus von dieser Berufung: „In ihm hat er uns erwählt vor Erschaffung der Welt ... Durch sein Blut haben wir die Erlösung ... Er hat uns das Geheimnis seines Willens kundgetan, wie er es im voraus gnädig bestimmt hatte: In Christus alles vereinen, alles, was im Himmel und auf der Erde ist ... Durch ihn sind wir als Erben vorherbestimmt und eingesetzt nach dem Plan dessen, der alles so verwirklicht, wie er es in seinem Willen beschließt. Wir sind zum Lob seiner Herrlichkeit bestimmt" (Eph 1, 3–14).

„Gott, du mein Gott, dich suche ich." Dieser Vers aus Psalm 63 wird nun klarer. Das Heil, das Gott mir schenkt; die Barmherzigkeit, die er mit anbietet; ja, die Zärtlichkeit, mit der er mir begegnet – Gott tut bei allem den ersten Schritt. Und er bewirkt auch in mir das Verlangen, ihn zu suchen.

2. Wenn wir über unser Leben nachdenken, stellen wir fest, daß es sich um ein Zusammenspiel von vielen Umständen handelt. Ich hatte Hans Urs von Balthasar zu seiner Erhebung zum Kardinal gratuliert. Seine Antwort darauf traf wenige Tage nach seinem Tod bei mir ein. Er schrieb: „Man wollte mich ehren, aber man hätte auch irgend jemand anderen nehmen können."

Denken wir an so viele Wegbegleiter und Freunde, die irgendwo „besser" sind als wir! Sie sind nicht zum Priestertum bzw. zum Ordensstand berufen worden. Denken wir an jene, die berufen wurden, aber später fortgegangen sind, weil sie vielleicht die Umstände überhaupt nicht hatten ertragen können! In unserem eigenen Leben ist alles bisher günstig verlaufen. Gott hat uns in verschiedenen Situationen immer wieder seine Liebe, sein Handeln an uns deutlich gezeigt. Wenn es mir geschenkt ist, in diesen Tagen mit Ihnen zusammen zu beten, dann hängt das mit meinem Bischofsamt zusammen. Das aber ist wie ein Zufall auf mich zugekommen.

Gottes Liebe ist in jedem noch so kleinen Vorgang unseres Lebens gegeben. Sein Plan für uns erschließt sich Schritt für Schritt. Alles mag als eine Summe von unverbundenen Zufällen erscheinen, wie es wahrscheinlich auch David wahrgenommen hatte. Dennoch, da dürfen wir ganz sicher sein, wirkt und handelt Gott bis in unsere Todesstunde, damit sich sein verborgener Plan, seine Barmherzigkeit an uns verwirkliche. Wenn das so ist, muß man eigentlich trotz allem ein großes Vertrauen ins Leben haben. Man muß genau auf die Situationen und Umstände des Lebens achten, muß sie in ihrer Vielfalt sorgfältig beachten.

Aus Ihrem Kreis hat mir jemand erzählt, wie er unter dem Eindruck eines Krieges und inmitten schwerer Nöte, die aus diesem Krieg erwuchsen, zu einer neuen geistlichen Motivation gekommen ist. So können schreckliche Zeiten des Lebens, die man vielleicht zuerst einem unberechenbaren, bösartigen „Schicksal" zuschreibt, Ausdruck der Liebe Gottes sein.

3. Auch unser Leben hat seine Festigkeit davon, daß wir mutig und umfassend Risiken übernehmen. Wenn wir uns nicht mehr für das Reich Gottes einsetzen, weil das „riskant" erscheint, sind wir, psychologisch gesehen, alt geworden. Bereitschaft zum Risiko fordert Offenheit,

Bereitschaft, Freude, irgendwo eine sehr jugendliche Einstellung. Vielen jungen Menschen bei uns im Westen fehlt heute eine solche mutige Einstellung. Sie suchen Erfahrungen – in der Liebe, in der Freundschaft –, aber sie haben Angst vor Entscheidungen, die endgültigen Charakter tragen. Das erscheint mir ein Fluch unserer Zeit zu sein, denn Menschsein heißt Risiko, bedeutet auch die Bereitschaft, Risiken auf sich zu nehmen. Wenn wir vergesen, daß ein liebender Gott uns führt, erscheinen uns die Ereignisse des Lebens als Aktivität von mächtigen bösen Geistern. Gegen sie verteidigen wir uns, setzen auf genaues Kalkül. Wir werden zu angstbesetzten Menschen, die nichts mehr wagen.

Die Gestalt Davids ermuntert uns, daß wir den Mut haben dürfen, ein bißchen verrückt zu sein und uns nicht zu lange beim Nachdenken über unsere Kräfte, unsere Gesundheit und über die eventuelle Reaktion der Leute aufzuhalten.

„Herr, wir danken dir, daß du uns mutig genug gemacht hast, das Risiko eines Lebens in einer afrikanischen Mission auf uns zu nehmen! Schenke uns darüber anhaltende Freude, die ein Lob deiner Liebe zu uns sein möge!"

Für das persönliche Gebet empfehle ich Ihnen, die besprochenen Schrifttexte in Ruhe zu lesen und dann Ihre eigene Lebensgeschichte zu überdenken.

Maria wird uns mit ihrer Fürbitte beistehen. Gerade sie weiß, wie wichtig es ist, zu Gottes Anruf und den Situationen, die er schafft, ja zu sagen, Risiken jeden Tag zu übernehmen. Leben heißt das zuzulassen, wozu wir berufen sind. Jedes Gebet ist ein Risiko, da wir den Kontakt mit Gott ja in der Regel nicht sinnenhaft verspüren. Glauben heißt, sich auf Gott verlassen. Dieses Geheimnis menschlicher Existenz hat uns Jesus, der Sohn Davids, gelehrt.

Regeln, die im Reich Gottes gelten

Homilie

Die liturgischen Texte dieser Tage sind dem zwölften und dreizehnten Kapitel des Matthäusevangeliums entnommen. Bei Matthäus, beginnend mit dem elften Kapitel, ist vom Geheimnis des Reiches die Rede und den Regeln, die dort gelten. Sie sind so beschaffen, daß sich das Reich Gottes nicht aufnötigt. Man kann es bejahen oder ablehnen. Am nachdrücklichsten kommt das vielleicht in 11,25 zum Ausdruck: „Ich preise dich, Vater, Herr des Himmels und der Erde, weil du all das den Weisen und Klugen verborgen, aber den Unmündigen offenbart hast." Diese Stelle ist wie ein Schlüssel zu den nachfolgenden Reden. Die Weisen und Großen können die Regeln des Gottesreiches nicht begreifen, weil es sich um Gesetzmäßigkeiten handelt, die von Demut, Schlichtheit und Niedrigkeit bestimmt sind. Die Unmündigen aber verstehen, worum es geht.

Heute ist die Rede davon, daß Jesus denen, die nicht an ihn glauben, ein Zeichen verweigert (12,38-40). Wir können den Abschnitt nochmals in drei Teile gliedern:

- Ein Zeichen wird verlangt: „Meister, wir möchten von dir ein Zeichen sehen" (V. 38).

- Das generelle Urteil Jesu: „Diese böse und abtrünnige Generation fordert ein Zeichen!" (V. 39 a).

- Das Zeichen, das Jesus dagegensetzt: „Es wird kein anderes gegeben als das Zeichen des Propheten Jona" (V. 39 b).

1. Was bedeutet es, vom Herrn ein Zeichen zu fordern? Die Schriftgelehrten und Pharisäer formulieren einen Wunsch, ein Verlangen. Wir haben gesagt, daß das Verlangen nach Gott der eigentliche Motor der ganzen Geschichte Davids ist. Hier aber macht man es sich zu billig mit dem (angeblich) religiösen Wunsch und Verlangen. Es fehlt von vornherein das Vertrauen in den Herrn.

Wenn wir ein Zeichen von Gott erwarten, weil wir Gott wirklich suchen, sind wir an die Sakramente, an das Gebet und an das ganze Leben der Kirche verwiesen. Alle diese Zeichen offenbaren Gott einerseits, andererseits verhüllen sie ihn aber auch.

Wenn wir hingegen einfach ein Zeichen um des Zeichens willen fordern, wie es die Schriftgelehrten und Pharisäer taten, dann ist das in religiöser Hinsicht nicht recht. Das Zeichen bekommt Eigengewicht. Wir denken in den Gesetzen des Erfolges und vergessen die von Niedrigkeit und Demut bestimmten Regeln, die im Reich Gottes gelten. Natürlich gestehen wir uns das selber nicht ein. Wir sagen, wir würden ja den Erfolg nur für Gott suchen, wollten seinen Namen die Ehre geben. In Wirklichkeit versteifen wir uns auf ein Zeichen, das uns selber hilft und nützt.

2. Das läßt Jesus nicht gelten. Eine böse Generation nennt er uns, oder – nach anderen Übersetzungen – eine ehebrecherische Generation! Statt Gott wirklich zu suchen, ist man aus auf eine Liebe anderen Inhalts. Die Welt ist es, die an die Stelle Gottes tritt. Es ist nichts Böses, Zeichen zu fordern. Nur über Zeichen können wir letztlich zu Gott kommen. Böse und schlecht ist es, bei den Zeichen stehenzubleiben, ihnen eine Bedeutung zuzusprechen, die sie objektiv nicht haben.

Dieses Geschlecht ist böse, weil es nicht mehr auf Gott blickt. Man geht kein Risiko mehr ein, möchte lieber von Zeichen umgeben sein, die Sicherheiten geben und das eigentliche Risiko ausschalten. Solche Wünsche sind mehr verbreitet, als man denkt. Auch ich verlange in meinem Amt oft Zeichen." Herr, zeige uns die wirksamen Mittel, die verhindern, daß die Jugend aus den Gemeinden auszieht! In Wahrheit gibt es keine Mittel, die seelsorgerliche Erfolge garantieren. Es ist völlig nutzlos, viele Bücher zu lesen oder den allerneuesten Modellen der Pastoral nachzulaufen in der Erwartung, die der Kirche Fernstehenden würden bald zurückkommen, wenn wir nur die rechten Mittel einsetzen. Statt dessen müssen wir das Risiko der Dunkelheit aushalten.

Ich bin auch in Sorge über die Bedeutung, die man bei uns in Europa den Marienerscheinungen zuspricht. Vielleicht will uns Maria in ihrer Liebe zu uns Mut und Trost zusprechen. Wenn aber die Leute Sicherheiten haben möchten, daß sie auf dem rechten Weg sind und darüber weder Glaubens- noch Lebensrisiken eingehen möchten, dann muß man wirklich in Sorge sein. Solche Erscheinungen dürfen niemals für christliches Leben zentral sein. Erhalten sie zu sehr an Bedeutung, dann sind die Leute auf dem falschen Weg.

Jesus lehrt uns jene Regeln, die auch den Mißerfolg und das Scheitern zulassen. Er lehnt die Forderung von Zeichen ab, die ja so weit gehen kann, daß man Gott überhaupt nicht mehr sucht, sondern Götzenbilder (auch in kirchlicher Gestalt) in sich aufbaut, um – koste es, was es wolle! – zu bekommen, was man selber möchte. Gott möchte in erster Linie unser Vertrauen. Er will, daß wir uns vollkommen auf ihn verlassen.

3. „Es wird ihr kein anderes gegeben als das Zeichen des Propheten Jona." Diese Stelle ist nicht einfach zu verstehen. Die Exegeten setzen sehr unterschiedliche Akzente. Jesus hat das Zeichen verweigert. Wenn er dann doch ein Zeichen geben will, kann es nicht dieselbe Qualität haben wie jenes verweigerte. Nach Lk 11,29–32 ist die Verkündigung als solche das Zeichen. Ich selbst bin das Zeichen, ich, der ich jetzt zu euch rede, euch in die

Nachfolge rufe, euch auffordere, die Augen zu schließen, euch fallen zu lassen. Das mag bei Matthäus ähnlich sein. Jedoch wird am Zeichen Jonas hervorgehoben,
daß er drei Tage in einem Fisch lebte. „Denn wie Jona
drei Tage und drei Nächte lang im Bauch des Fisches
war, so wird auch der Menschensohn drei Tage und drei
Nächte im Innern der Erde sein" (V. 40). Diese Worte
sind voll Geheimnis für den, der sie hört. Bisweilen sagt
man, Jesus spiele auf seinen Tod an.

Der Tod Christi ist das Zeichen. Es wird ja hier gar nicht
gesagt, daß er nach drei Tagen auferstehen wird. Das
Kreuz ist das Zeichen. Im Abgrund des Todes sein heißt
Niederlage, heißt vollkommene Verborgenheit.

Das Zeichen ist gewissermaßen ein „Gegen-Zeichen".
Gegenüber jenen, die spektakuläre Zeichen suchen, sagt
Jesus seinen Tod an, spricht davon, daß er in Finsternis
und Dunkelheit eingehen wird. Ganz gewiß ist auch die
Auferstehung im Blick, aber gewissermaßen im Tod in-
begriffen, den der Sohn aus Liebe stirbt; eingeschlossen
in jenem Vertrauen, das der Sohn dem Vater noch am
Kreuz schenkt. Das große Zeichen der Liebe, die mit
dem Tod endet, muß Anstoß erregen.

Jesus redet stets in Gleichnissen, um uns nicht zu sehr
zu erschrecken. Wir sollen aber wissen, daß das große
Geheimnis des Todes Gottes, der aus Liebe gestorben ist,
uns auffordert, über unsere eigene Berufung nachzudenken. Durch die Taufe sind wir in den Tod gerufen. Was
im Licht des letztlich sieghaften Kreuzes gilt, steht im
Gegensatz zu unseren Regeln des Erfolges und überhaupt zu den spektakulären Regeln, denen sich die Welt
unterwirft.

„Herr Jesus! All das vermittelst du uns in der Eucharistie.
Hier feiern wir deine Verborgenheit und die Demut, mit
der du aus Liebe in den Tod gegangen bist. Hier feiern

31

wir das Geheimnis deines Geistes, den du am Kreuz ausgegossen hast. Hier feiern wir das Geheimnis der Auferstehung und des Lebens, Frucht deines Opfers.

Lehre uns, Herr Jesus, diese Eucharistie im Hören auf
dein Wort auch zu leben. Hilf uns, im Zeichen von Brot
und Wein Gott zu suchen, der sich hier in der Fülle seiner Liebe schenkt. Laß uns in diesen Zeichen auch unsere eigene Gabe an die erkennen, die in der Gnade des
Heiligen Geistes Wirklichkeit wird. Maria, deine Mutter, stehe uns mit ihrer Fürbitte bei!"

Zweite Meditation

Das Ziel der Exerzitien

Das Gebet, das ich an den Beginn dieser Betrachtung stellen möchte, lehnt sich an Psalm 18 an. Wir nennen ihn auch das „königliche Siegesdanklied". Dort heißt es: „Du, Herr, läßt meine Leuchte erstrahlen, mein Gott macht meine Finsternis hell" (V. 29). Entsprechendes lesen wir im zweiten Samuelbuch: „Ja, du bist meine Leuchte, Herr! Der Herr macht meine Finsternis hell" (22,9). Wahrscheinlich ist dies der ältere Text: „Ja, du bist meine Leuchte."

„Herr, ich bitte dich, mach meine Lampe – das ist mein Gebet – strahlend hell. Es ist ja so schwer für mich, überhaupt zum Beten zu kommen. Wenn ich einmal beim Beten bin, dann ist es nicht so klar und rein, wie ich es eigentlich möchte. Deshalb bitte ich dich, Herr, mein Gebet strahlend und hell zu machen. Dann werde ich leichter mit David sagen können: Ja, du, Herr, bist meine Leuchte! Dann aber brauche ich mir um mein Beten überhaupt keine Sorgen mehr zu machen. Die Gewißheit, daß du meine Leuchte bist, die Sonne meines Lebens, überstrahlt ja alles. Herr, ich möchte das Geheimnis des Gebetes besser verstehen, das Geheimnis geistlicher Sammlung, das Geheimnis menschlicher Hingabe. Das alles kann ich besser verstehen, wenn dein Licht mich erleuchtet. Demütig und in Einfachheit des Herzens möchte ich mich einstimmen auf die Exerzitien. Maria sei mir dabei ein Vorbild! So bitten wir durch Christus, unsern Herrn!"

Wir werden also das Ziel der Exerzitien überdenken und wollen es vorab nach drei Seiten hin umschreiben:
– Den Willen Gottes zu erkennen suchen
– Einüben in die rechte Weise der Hingabe
– Das Beten neu lernen

1. Den Willen Gottes zu erkennen suchen

Die Exerzitien in ihrer klassischen Form haben ein grundlegendes Ziel: *Den Willen Gottes zu erkennen suchen.* Ignatius schreibt in der „ersten Bemerkung" zu Beginn seiner geistlichen Übungen, es gehe bei diesen Übungen darum, „den göttlichen Willen zu suchen und zu finden in der Einrichtung des eigenen Lebens zum Heile der Seele". Direkt und indirekt kehrt der Gedanke immer wieder. So ist in der *Zweiten Exerzitienwoche* von drei Menschengruppen die Rede, die alle ihr Heil und den Frieden in Gott suchen (Nr. 150). Wenig später heißt es, die dritte Gruppe wolle nur etwas tun oder unterlassen, „je nachdem Gott unser Herr es in ihren Willen legt" (Nr. 155).

Was heißt das denn nun für Ignatius: Den Willen Gottes zu erkennen suchen, *wie er in Jesus Christus erkennbar ist!* Zunächst einmal sei dargelegt, was es *nicht* bedeutet. David zum Beispiel sucht den Willen Gottes zu erkennen, indem er einfach fragt: „Soll ich hinziehen und diese Philister schlagen?" (1 Sam 23,2). Das klingt etwas magisch und orakelhaft. Es ist, als wolle David handfeste Zeichen haben, um den Willen Gottes zu erkennen. Man könnte meinen, der Wille Gottes halte sich greifbar an irgendeinem Ort verborgen, wo man ihn schließlich finden kann.

Das ist nicht die Art und Weise, wie man sich in den Exerzitien um den Willen Gottes bemühen soll. Für David mag das so, wie er es getan hat, in Ordnung sein. Für den Neuen Bund gilt, was Johannes vom Kreuz sagt: Daß es nämlich weder einen Grund gibt, Gott zu befragen, noch die Aussicht, daß er antwortet. Der ganze göttliche Wille ist nämlich in Jesus Christus offenbar.

Noch einmal: Was heißt das – den Willen Gottes zu erkennen suchen, wie er sich in Jesus Christus erschließt?

1. Gott will sich selber mitteilen. Sich selbst will er verschenken. Darin vor allem besteht das Geheimnis seines Willens. „Gott hat in seiner Güte und Weisheit beschlossen, sich selbst zu offenbaren und das Geheimnis seines Willens kundzutun, da die Menschen durch Christus, das fleischgewordene Wort, im Heiligen Geist Zugang zum Vater haben und teilhaftig werden der göttlichen Natur" (Dogmatische Konstitution über die göttliche Offenbarung, Nr. 2). In solcher Offenbarung redet der unsichtbare Gott zu den Menschen, wie Freunde miteinander reden. Er sucht die Begegnung mit ihnen, um ihnen sein Leben mitzuteilen.

2. Dieser Wille, den Gott mitteilen möchte, verwirklicht sich auf vollkommene Weise in Jesus. Er ist in einem Weg, Ziel und ganze Fülle der Mitteilung Gottes, ist Frucht des göttlichen Willens. Jesus Christus ist selber der Wille Gottes, den Gott in ihm in absoluter und endgültiger Weise mitgeteilt hat.

3. Solcher Wille Gottes, der in vollkommener Weise in Christus verwirklich ist, gewinnt sozusagen in Form einer Teilhabe Gestalt in der Vereinigung Christi mit uns und mit der ganzen Menschheit. Der Plan Gottes heißt: Jesus mit uns – wir mit Jesus – die gesamte Menschheit mit Jesus. Er ist es, der uns in diese Gemeinschaft führt.

4. Wie verwirklicht sich die Vereinigung Jesu mit der Menschheit? Sie geschieht durch den Heiligen Geist. Thomas von Aquin sagt treffend und schön: „Das Gesetz des Neuen Bundes besteht hauptsächlich im Heiligen

Geist." Der Geist Gottes ist die Kraft, der die Menschen mit Christus zu einer einzigen Wirklichkeit zusammenzuführen vermag.

5. Worin besteht konkret die Vereinigung der Menschen mit Jesus, die der Heilige Geist herbeiführt? Die Kirche, die der Geist je neu in der Geschichte hervorbringt, ist diese Gemeinschaft Jesu mit den Menschen.

Gottes Wille und Absicht zielt auf das Werden von Kirche.

6. Genauerhin ist zu sagen, daß der Heilige Geist die christliche Gemeinde am Ort hervorbringt. Sie ist die genau umrissene Gemeinschaft, die Menschen untereinander und mit Christus haben.

Gottes Wille für mich heißt also zunächst einmal, daß ich zur Kirche gehöre und mich dort dem Anstoß des Geistes Gottes öffne, damit ich das meine zur Ausbreitung der Kirche beitrage. Diese wird auf diese Weise immer mehr Gemeinschaft der Menschen mit Gott. Der Geist Gottes treibt mich aber auch, mich immer mehr in die Gemeinschaft mit Jesus Christus einzubinden. Nur so kann ich Werkzeug der Vereinigung der Menschen mit ihm sein.

Alles, was ich sonst noch tue (Lektüre, künstlerische Betätigung, wirtschaftliche Aktivität usw.), ist dieser Suche des göttlichen Willens für mein Leben untergeordnet, wie sie sich als Aufgabe aus meiner Mitgliedschaft in der Kirche ergibt. Es ist der Kern dessen, was man *Berufung* nennt. Somit geht es in den Exerzitien vor allem darum, die an mir geschehene Berufung neu zu ergreifen, zu ihr ja zu sagen.

Wenn wir Exerzitien machen, um dort den Willen Gottes zu suchen, so bedeutet das eigentlich, daß wir uns neu und bewußt auf den Weg der je eigenen Berufung begeben; die Bereitschaft wecken, sich dem auszusetzen, was der Geist von mir, der ich in einer konkreten Gemeinde oder Gemeinschaft lebe, will. In diesem Vorgang komme ich zur Vereinigung mit Christus und bin den anderen Menschen Wegbereiter dorthin.

Durch unser Schweigen und unser Hören auf das Wort Gottes bejahen wir neu den Plan Gottes für unser Leben, der darin besteht, unsere Treue zu Christus und unsere Verbindung mit der Kirche immer wieder Wirklichkeit werden zu lassen. Das ist es und nichts anderes, was Gott von uns verlangt.

2. Einüben in die rechte Weise der Hingabe

Die Exerzitien haben noch eine andere Zielsetzung. Michel Ledrus, Professor für Theologie der Spiritualität an der Universität Gregoriana, pflegte zu sagen: „Exerzitien sind Einübung von Hingabe." Hingabe bedeutet, Gott spontan und frohen Herzens zu dienen. Somit geht es um eine sehr wichtige Komponente des geistlichen Lebens.

Wir alle kennen Menschen, die ihre Berufung – jedenfalls was den äußeren Anschein betrifft – mit Verdruß und ohne rechte Freude zu leben scheinen. Der Geist Gottes aber möchte uns zu frohen und großherzigen Menschen machen. Hingabe heißt in hohem Maße, das Opfer eines jeden Tages und die Enttäuschungen des Alltags (auch im Blick auf unseren christlichen Einsatz!) zu bejahen; zuzulassen, daß sogar beim Beten innerlich keine rechte Hochstimmung aufkommen will. All dies kommt auch von Gott, ist von Gott zugelassen. Man kann Gott gehorchen, ohne es mit rechter Hingabe zu tun. Das heißt dann, es fehlt die „Leuchte", das Licht. „O Gott, du bist meine Leuchte": Hingabe heißt, daß Gott mein Leben hell macht.

Oft sind wir der Ansicht, es komme nur darauf an, alles möglichst richtig und gut zu tun. Dies sei schon alles. In Wirklichkeit aber kann man gar nicht gut handeln, wenn es nicht froh und von Herzen geschieht. Hingabe ist ein anderer Aspekt des Risikos, von dem wir schon sprachen. Begegnungen mit neuen Situationen und mit unbekannten Menschen, mit schwierigen Menschen besonders, sind stets Risiken. Wir sollten für solche Erfahrungen dankbar sein. Das alles hängt mit der Kraft zusammen, die das geistliche Leben eigentlich stark macht. Wenn ein Priester mit Schwierigkeiten zu mir kommt und sich immer wieder entschuldigt, ich hätte ja selber Sorgen genug, dann antworte ich gerne: Genau dazu bin ich ja da – Sorgen zu haben und mit Schwierigkeiten umzugehen!

Auf Anhieb kann man erkennen, daß es nicht einfach ist, ganz präzise und vollständig zum Ausdruck zu bringen, was eigentlich Hingabe bedeutet. Dennoch müssen wir uns in sie einüben, wenn sie uns einmal grundsätzlich als Haltung von Gott geschenkt ist. Sie wächst nur durch unser Mittun. Von selber kommen Müdigkeit, Anspannung, Enttäuschung. Vielleicht heißt Hingabe schlicht, komplizierte Probleme ganz einfach zu sehen.

Um nun zur rechten Weise der Hingabe zu kommen, müssen wir viel beten, gesammelt das Wort Gottes hören und es meditieren. Aus unserem Gebet, das aus der Lesung der Heiligen Schrift erwächst, schafft der Geist Gottes in uns sein Leben. Im Gebet verharren bedeutet, die Gewißheit nicht aufzugeben, daß der Heilige Geist unser geistliches Leben, das oft so ausgetrocknet ist, immer wieder neu schaffen will. Die Exerzitien sind der rechte Ort, wo wir uns in die Hingabe einüben.

3. Das Beten neu lernen

Exerzitien wollen uns also auch helfen, das Beten neu zu lernen. Alle haben wir früher einmal das Beten gelernt. Im Laufe der Jahre ist es aber zur Routine geworden, wir haben den „Geschmack" daran verloren.

Im Römerbrief stehen einige Sätze, die für unseren Zusammenhang, wenn auch nicht einfach zu verstehen, so doch recht wichtig sein können. Paulus schreibt: „So nimmt sich auch der Geist unserer Schwachheit an. Denn wir wissen nicht, worum wir in rechter Weise beten sollen; der Geist selber tritt jedoch für uns ein mit Seufzen, das wir nicht in Worte fassen können. Und Gott, der die Herzen erforscht, weiß, was die Absicht des Geistes ist: Er tritt so, wie Gott es will, für die Heiligen ein. Wir wissen, daß Gott bei denen, die ihn lieben, alles zum Guten führt, bei denen, die nach seinem ewigen Plan berufen sind" (Röm 8, 26–28).

Drei Gesichtspunkte kann man aus diesem Text des Apostels ableiten, die uns helfen können, das Beten neu zu lernen.

– Das Beten, das wir neu lernen wollen, ist Frucht von Demut;
– ist Gabe des Geistes;
– bedeutet innere Freude.

1. Wenn wir das rechte Beten verlernt haben, kommt der Moment, in dem wir unser Unvermögen bekennen – so, wie Paulus sagt: „Wir wissen nicht, worum wir in rechter Weise beten sollen." Einmal haben wir also gewußt, was rechtes Beten meint. Jetzt sind wir nicht mehr in der Lage, Gott die tiefsten und geheimsten Wünsche unseres Herzens zu sagen. Jedenfalls ist das Bekennen dieses Sachverhaltes ein guter Beginn, das Beten neu zu lernen.

Paulus fährt fort: „So nimmt sich auch der Geist unsere Schwachheit an." Wir sind schwach, ähnlich wie Menschen, denen die körperliche Gesundheit fehlt. Wir möchten zwar beten, haben aber weder die Kraft noch den rechten Mut, auszuharren. Immer wieder lenken uns unsere Gedanken ab: Wir überlegen, was wir alles zu tun haben. Verletzungen werden uns bewußt, die man uns zugefügt hat. Manche Bitterkeit steigt in uns auf. Wir wissen nicht mehr recht, wo und wie anfangen mit dem Gebet. Solche Schwäche ist eine Komponente menschlicher Hinfälligkeit überhaupt. Das griechische Wort, das Paulus hier verwendet (asthéneia) kommt aus derselben Wurzel wie jenes, das in Röm 5, 6 auftaucht: „Christus ist schon zu der Zeit, als wir noch schwach (asthenès) und gottlos waren, für uns gestorben." Diese menschliche Hinfälligkeit äußert sich konkret in unserem Klagen, unseren Vorurteilen und unserer Unzufriedenheit. Wenn wir mit dem Gebet beginnen, sollten wir diese Bürden abwerfen.

Zunächst muß uns also klar werden, daß wir in der Tiefe unseres Herzens unrein sind. Gedanken steigen immer wieder in uns auf, die nicht nach dem Herzen Gottes sind. Das einzugestehen, ist ein guter Anfang, es mit dem Beten neu zu versuchen. So sagt es in etwa auch der heilige Ignatius. In einem Akt tiefster Anbetung sollen wir zu Gott sagen: Herr, ich bin nicht würdig und nicht fähig zu beten. Ich bin vor dir wie ein Nichts. Mache mein Licht hell, o Gott, denn ich selbst kann mein Beten nicht in eigener Kraft gestalten, neu gestalten. Nur dein Heiliger Geist weiß, was rechtes Beten ist.

2. „So nimmt sich auch der Geist unserer Schwachheit an ... der Geist selber tritt für uns ein mit Seufzen, das wir nicht in Worte fassen können." Wiederum sehr geheimnisvolle Worte! Was bedeutet: „auch"? – Wir müssen ein paar Verse zurückgehen: „So bezeugt der Geist Gottes selber unserem Geist, daß wir Söhne Gottes sind" (Röm 8, 16). Der Geist, der bezeugt, daß wir Kinder Gottes sind, tritt für uns ein mit Seufzen, das wir nicht in Worte fassen können. Die Exegeten sind unterschiedlicher Meinung, was Letztgenanntes bedeutet.

Entscheidend ist, daß es sich um eine ganz tiefe Erfahrung handelt: Der Geist betet in uns und für uns, tritt für die Heiligen ein, und Gott, der die Herzen erforscht, kennt die Absicht des Geistes. Die Absicht des Geistes (im Griechischen to phrónema, die Gesinnung, Haltung des Geistes) ist die Gesinnung Jesu Christi. Der Geist „tritt so, wie Gott es will, für die Heiligen ein". Er betet richtig. Wir können nicht wissen, ob unser Beten richtig ist oder ob es monologisch um uns selbst kreist. Deshalb müssen wir uns dem Heiligen Geist anvertrauen, wenn wir richtig beten wollen. Das rechte Beten ist seine Gabe an uns. Auch wenn wir müde sind und uns ganz leer fühlen, können wir uns doch noch vor dem Allerheiligsten niederlassen, ohne daß wir uns abquälen, irgendwelche Aussagen zu formulieren. Wir wissen ja, daß der Geist recht in uns betet.

Ich fühle mich immer recht müde, wenn ich auf einer Pastoralreise das zweite Pontifikalamt an selben Tag feiern muß. Bei solchen Gelegenheiten versuche ich, zunächst meinen Glauben in einem kurzen Gebet zu bekennen, ruhig zu bleiben und dann würdig und gut die liturgischen Handlungen zu vollziehen. Alles andere überlasse ich dem Geist Gottes. Dieser Geist ist der Geist Jesu und somit Inbegriff des göttlichen Willens. Er ist uns gegeben, damit wir dem Sohn gleichgestaltet werden, der „für uns eintritt" (Röm 8, 34). In uns ist also das Beten Jesu.

Natürlich liegt es an uns, uns wirklich Zeit für das Gebet zu nehmen und darin auszuharren. Dann werden wir auch ganz langsam wahrnehmen, wie der Geist in uns betet. Das drückt wohl auch Psalm 63 aus: Es ist der Geist, der in David in rechter Weise ruft und betet.

3. Gebet hat mit Freude zu tun. Recht beten bedeutet auch, sich an Gott zu freuen, Lust an ihm zu haben. Vor kurzem habe ich mit den Bischöfen der Lombardei selbst Exerzitien gemacht. Der Theologe, der sie leitete, erzählte uns, als Kind und auch später im Seminar habe er das Gebet immer als Pflicht empfunden. Nach vielen Jahren der Erfahrung habe er gelernt, daß das Beten mit

Freude zu tun hat. Vor allem in den Psalmen begegnen wir auf Schritt und Tritt der Freude. Es ist die Freude Davids und die Freude Jesu, die wir mit diesen Gebeten verbinden dürfen. Die Psalmworte sind jene Worte, die wir selber gerne vor Gott aussprechen möchten.

Solche Zusammenhänge gehen uns erst mit der Zeit auf. Diese Entdeckung bedeutet freilich nicht, daß es beim Beten keinerlei Anstrengung geben dürfe. Freude hat mit der Tiefe des Geistes zu tun, bedeutet, Gott zu „schmecken", im Herzen Jesu zu Hause zu sein.

Die Hingabe, von der wir anfangs gesprochen haben, ist der Ausdruck einer solch einfachen und doch geheimnisvollen Freude an Gott. Ein Funke davon zählt mehr als alle Güter der Welt. Hat man einmal solche Freude verspürt, vergißt man sie im ganzen Leben nicht.

4. Schluß

Wir wollen weiter über die drei Berufungen Davids nachdenken und sie mit unserem eigenen Leben in Verbindung bringen.

Folgende Fragen könnten wir für unser Meditieren mitnehmen:

- Was ist für mich Ziel und Zweck dieser Exerzitien?
- Welche Ziele gibt es für mich noch neben den drei genannten?
- Was heißt für mich ganz persönlich: Hingabe und Gebet einüben bzw. neu lernen?
- Macht mir Gott für diese Exerzitien vielleicht noch eine ganz besondere Zielvorgabe?

Bitten wir Maria um ihre Fürsprache, daß wir das Ziel dieser Exerzitien erkennen und diesem Ziel ein Stück näher kommen.

David, der gläubige Sünder

„Mein Herr und mein Gott! du hast mich zuerst geliebt
und du liebst mich noch immer. Du gehst mir nach, du
verlangst nach mir. Aber auch ich suche dich. Meine
Seele dürstet nach dir. Du bist mein höchstes Gut. Wer
sind die, Herr, die mir nach dem Leben trachten? (vgl. Ps
63, 10) Was ist es, das meine Seele ins Verderben treibt
und mich hindert, mich an dir zu freuen, aus deiner
Quelle zu trinken? Was hindert mich, das Rufen aus der
Tiefe meines Herzens zu vernehmen? Laß mich dies alles
besser verstehen. Laß mich lernen aus dem Leben Davids, des gläubigen Sünders – eines Menschen, der zwar
sündigte, aber dennoch glaubte!"

Wenn wir über den Sünder David nachdenken, begreifen wir einiges über uns selbst. Das kann besonders in
der ersten Exerzitienwoche eine Hilfe sein. Diese Woche
ist nach der Absicht des heiligen Ignatius von Umkehr
und Sündenbekenntnis geprägt. Zwei Meditationen
über David sollen seine beiden Sünden in den Mittelpunkt rücken. Wenn David auch glaubt und Gott liebt,
so ist er doch auch grausam, rachsüchtig und sinnlich.
Was seine Grausamkeit gegenüber den Feinden angeht,
so genügt es, 2 Sam 8, 2 ff zu lesen. Seine Sinnlichkeit
wird in 2 Sam 3, 2–12 ff deutlich. Die letzten Worte Davids sind Worte der Rache: 1 Kön 2, 5–6.
  Aber nur zwei Taten Davids stellt die Heilige Schrift
als wirkliche und eigentliche Sünden vor. Diese werden

im übrigen nur erzählt und nicht beurteilt. Der Grund dafür ist nicht ohne Interesse.

Zuerst einmal befassen wir uns mit 2 Sam 24, 1–25. Wir lesen den Text im Geist des heiligen Ignatius. Um den Willen Gottes zu erkennen, sagt er, muß man alle ungeordneten Hinneigungen von sich tun (erste Bemerkung im Exerzitienbuch). Vorausgesetzt ist, daß es stets etwas gibt, was den Menschen bei der Suche nach Gottes Willen hindert. Diese Überzeugung leitet ihn durchgängig. Sie wird bereits im Titel des Exerzitienbüchleins deutlich: „Geistliche Übungen dazu hin, sich selbst zu überwinden und sein Leben zu ordnen, ohne sich durch irgendeine Neigung, die ungeordnet wäre, bestimmen zu lassen." Uns ist schon aufgegangen, daß der richtige Weg, zum rechten Beten zu kommen, mit dem Eingeständnis der eigenen Hinfälligkeit und Unwürdigkeit beginnt.

1. Der Bericht 2 Samuel 24, 1–25

„Der Zorn des Herrn entbrannte noch einmal gegen Israel und Juda. Der König befahl Joab, dem Obersten des Heeres, der bei ihm war: Durchstreift alle Stämme Israels von Dan bis Beerscheba, und mustert das Volk, damit ich weiß, wie viele es sind. Joab aber sagte zum König: Der Herr, dein Gott, möge das Volk vermehren, hundertmal mehr, als es jetzt ist, und mein Herr, der König, möge es mit eigenen Augen sehen. Warum aber hat mein Herr, der König Gefallen an einer solchen Sache? Doch der König beharrte gegenüber Joab und den Anführern des Heeres auf seinem Befehl, und Joab und die Anführer des Heeres verließen den König, um das Volk Israel zu mustern. Sie überschritten den Jordan und begannen bei Aroer, rechts von der Stadt, die mitten im Tal liegt. Dann gingen sie auf Gad und Jaser zu und weiter nach Gilead und ins Land der Hetiter nach Kadesch. Von dort aus zogen sie nach Dan und wandten sich nach Sidon. Dann kamen sie zur Festung Tyros und zu all den Städten der Hiwiter und Kanaaniter.

Darauf zogen sie in den Negeb von Juda hinab nach Beerscheba. So durchstreiften sie das ganze Land und kamen nach neun Monaten und zwanzig Tagen wieder nach Jerusalem zurück. Und Joab gab dem König das Ergebnis der Volkszählung bekannt: Israel zählte achthunderttausend Krieger, die mit dem Schwert kämpfen konnten, und Juda fünfhunderttausend.

Dann aber schlug David das Gewissen, weil er das Volk gezählt hatte, und er sagte zum Herrn: Ich habe schwer gesündigt, weil ich das getan habe. Doch vergib deinem Knecht seine Schuld, Herr, denn ich habe sehr unvernünftig gehandelt. Als David am Morgen aufstand, war bereits folgendes Wort des Herrn an den Propheten Gad, den Seher Davids, ergangen: Geh und sag zu David: So spricht der Herr: Dreierlei lege ich dir vor. Wähl dir eines davon. Das werde ich dir antun. Gad kam zu David, teilte ihm das Wort mit und sagte: Was soll über dich kommen? Sieben Jahre Hungersnot in deinem Land? Oder drei Monate, in denen dich deine Feinde verfolgen und du vor ihnen fliehen mußt? Oder soll drei Tage lang die Pest in deinem Land wüten? Überlege dir sehr genau, was ich dem, der mich gesandt hat, als Antwort überbringen soll. Da sagte David zu Gad: Ich habe große Angst. Wir wollen lieber dem Herrn in die Hände fallen, denn seine Barmherzigkeit ist groß; den Menschen aber möchte ich nicht in die Hände fallen.

Da ließ der Herr über Israel eine Pest kommen. Sie dauerte von jenem Morgen an bis zu dem festgesetzten Zeitpunkt, und es starben zwischen Dan und Beerscheba siebzigtausend Menschen im Volk. Als der Engel seine Hand gegen Jerusalem ausstreckte, um es ins Verderben zu stürzen, reute den Herrn das Unheil, und er sagte zu dem Engel, der das Volk ins Verderben stürzte: Es ist jetzt genug, laß deine Hand sinken! Der Engel war gerade bei der Tenne des Jebusiters Arauna. Als David den Engel sah, der das Volk schlug, sagte er zum Herrn: Ich bin es doch, der gesündigt hat; ich bin es, der sich vergangen hat. Aber diese, die Herde, was haben sie denn getan? Erhebe deine Hand gegen mich und gegen das Haus meines Vaters!

Am gleichen Tag kam Gad zu David und sagte zu ihm: Geh hinauf und errichte dem Herrn auf der Tenne des Jebusiters Arauna einen Altar! David ging hinauf, wie es Gad gesagt und der Herr befohlen hatte. Arauna hielt gerade Ausschau und sah den König mit seinen Dienern kommen. Er ging hinaus, warf sich vor den König mit dem Gesicht zur Erde nieder und sagte: Warum kommt mein Herr, der König, zu seinem Knecht? David antwortete: Um von dir die Tenne zu kaufen und dem Herrn einen Altar zu errichten, damit die Plage im Volk aufhört. Arauna antwortete David: Mein Herr, der König, möge alles nehmen, was er für gut findet, und es darbringen. Sieh her, hier sind die Rinder für das Brandopfer und die Dreschschlitten und das Geschirr der Rinder als Brennholz. Das alles gab Arauna dem König und sagte zu ihm: Der Herr, dein Gott, sei dir gnädig.

Der König erwiderte Arauna: Nein, ich will es dir gegen Bezahlung abkaufen; ich will dem Herrn, meinem Gott, keine unbezahlten Brandopfer darbringen. David kaufte also die Tenne und die Rinder für fünfzig Silberschekel. Und er baute dort einen Altar für den Herrn und brachte Brandopfer und Heilsopfer dar. Der Herr aber ließ sich um des Landes willen erweichen, und die Plage hörte auf im Lande Israel."

Dieser Textabschnitt wurde vermutlich später eingefügt. Vieles daran ist merkwürdig. Die Davidsgeschichte ist fast beendet. Am Anfang des folgenden Buches (der Könige) wird vom Alter Davids geredet, von seiner

Nachfolge und schließlich von seinem Tod. 2 Sam 23 berichtet die „letzten Worte" Davids. Nun ist noch einmal die Rede von seinem Leben bzw. von einer wichtigen Begebenheit in diesem Leben.

Der Text läßt sich in drei Abschnitte gliedern:
– die Volkszählung (1–9),
– die Strafe (10–15),
– das Versprechen (16–25).

Jedenfalls geht es in einer recht geheimnisvollen Art und Weise um Sünde, auch wenn nicht sogleich aufgeht, um welche Art von Sünde es sich handelt.

2. Die Volkszählung

„Der Zorn des Herrn entbrannte noch einmal gegen Israel, und er reizte David gegen das Volk auf und sagte: Geh, zähl Israel und Juda!"

In einem Parallelkapitel im Buch der Chronik wird nicht gesagt, Gott habe den David „gereizt", sondern: „Der Satan trat gegen Israel auf und reizte David, Israel zu zählen" (1 Chron 21, 1).

Was ist denn an einer Volkszählung so schlimm? Geht es nicht um einen Vorgang staatlicher Ordnung, dessen Auswertung für das Gesamt sehr wichtig sein kann? Was ist denn so Schlimmes daran, daß Joab, der dem König sonst so ergeben ist, gar nicht einverstanden ist?

Die Bibel berichtet auch an anderen Stellen von Volkszählungen, z. B. im Buch Exodus. Dort handelt es sich nahezu um etwas Sakrales. Mose sagt zu Gott: „Streich mich aus dem Buch, das du angelegt hast!" (Ex 32, 32). Das Volk „zählen" heißt sozusagen, jene zählen, die zu Gott gehören. Er ist der, der die Namen in ein Buch einschreibt und sie dort auch wieder löscht.

Noch einmal ist im Buch Exodus von einer Zählung die Rede. „Der Herr sprach zu Mose: Wenn du die Zählung der Israeliten für ihre Veranlagung durchführst, soll jeder von ihnen ein Lösegeld für seine Person anläßlich der Veranlagung an den Herrn zahlen, damit sie kein Unheil wegen der Veranlagung trifft!" (Ex 30, 11 f).

Gott ist es, dem das Zählen des Volkes zusteht. Daher muß man bei einer Veranlagung des Volkes darauf achten, daß kein Unheil herbeigerufen wird. Deshalb werden auch Regeln benannt: „Jeder von ihnen, der zur Veranlagung kommt, soll einen halben Schekel, entsprechend dem Schekelgewicht des Heiligtums, entrichten: zwanzig Gera auf einen Schekel; einen halben Schekel soll die Abgabe für den Herrn betragen" (V. 13).

Hierin liegt ein Hinweis, daß Gott der Herr über das Leben ist. Das Volk gehört Gott. Wer sich mit dem Volk befaßt, der muß es mit Ehrfurcht und Respekt tun. Das Volk ist „Schatz" Gottes. Die Heiligkeit des Lebens ist identisch mit der Heiligkeit des Volkes insgesamt, nicht nur mit der von den je einzelnen.

Im Buch Numeri finden wir noch ein Beispiel für eine Zählung. „Der Herr sprach zu Mose in der Wüste Sinai im Offenbarungszelt: Ermittelt die Gesamtzahl der Israeliten in der Gemeinde, geordnet nach Sippenverbänden und Großfamilien; zählt mit Namen alle Männer, die zwanzig Jahre und älter sind, alle wehrfähigen Israeliten. Mustere sie für ihre Heeresverbände, du und Aaron!" (Num 1, 1–3).

In Israel ist die Volkszählung demnach durchaus üblich, auch wenn man darauf achten muß, daß man dabei sozusagen rein bleibt. Im Abendland haben wir kaum mehr Zugang zum Sakralen eines solchen Vorgangs. Andere Kulturen haben sich durchaus den Sinn dafür bewahrt. In der Bibel ist es selbstverständlich, daß man keinen Menschen antasten darf, auch nicht die Gesamtheit der Menschen, die ein Volk ausmachen, ohne Gott damit zu berühren. Um Gottes Eigentum geht es.

Noch einmal: Worin besteht die Sünde des David? Was Joab und seine Leute tun, wird ganz genau beschrieben: Sie überschreiten den Jordan, beginnen bei Aroer, rechts von der Stadt, durchkämmen den Süden und Norden. Für David handelt es sich um einen Moment großen Ruhmes. Israel kannte bisher noch nicht eine solche Ausdehnung seines Landes.

Ich glaube, der Schlüssel zum Ganzen liegt in Vers 2: „Durchstreift alle Stämme Israels von Dan bis Beerscheba und mustert das Volk, *damit ich weiß, wieviele es sind.*"

David ist nicht bereit, das Eigentum Gottes als solches zu respektieren, sondern sieht im Volk seine ganz persönliche Macht, die seinem Ehrgeiz zu Diensten sein muß. Die Volkszählung bedeutet demnach Streben nach Besitz und Macht. Der Knecht gerät in die Versuchung, Herr sein zu wollen. In seinem Herzen fühlt er sich schon als Herr. Er möchte das am Erfolg – besser gesagt: an einem greifbaren Ergebnis – messen. Das Ergebnis ist ja auch großartig: Das Volk Israel zählt achthunderttausend Krieger, das Volk Juda fünfhunderttausend. Jetzt braucht David sich nicht mehr auf Gott zu verlassen wie zu Zeiten des Kampfes mit Goliat. Nun ist er der mächtigste König auf Erden. Alles vermag er alleine!

3. Die Strafe

David verrät durch seine eigenen Worte, daß er dem Machtrausch verfallen ist: „Ich habe schwer gesündigt, weil ich das getan habe!" (V. 10). Er erkennt seine Schuld von ganz alleine.

Es gibt eine interessante Parallelstelle, wo davon die

Rede ist, daß er es von sich weist, den Saul zu töten: „Da stand David auf und schnitt heimlich einen Zipfel von Sauls Mantel ab. Hinterher aber *schlug David das Gewissen*, weil er einen Zipfel vom Mantel Sauls abgeschnitten hatte. Er sagte zu seinen Männern: Der Herr bewahre mich davor, meinem Gebieter, dem Gesalbten des Herrn, so etwas anzutun und Hand an ihn zu legen, denn er ist der Gesalbte des Herrn" (1 Sam 24, 6–7). Ihm ist bewußt, daß er etwas Heiliges berührt, seine Hand an Gottes Eigentum gelegt hat. „Vergib deinem Knecht seine Schuld, Herr, denn ich habe sehr unvernünftig gehandelt!" (2 Sam 24, 10).

Gott läßt ihn nun selbst die Art der Strafe wählen. Die Worte Davids sind bewegend: „Wir wollen lieber dem Herrn in die Hände fallen, denn seine Barmherzigkeit ist groß!" (V. 14) David ist in der Tat ein Sünder, ein Sünder jedoch, der glaubt. Auch in seinem obskuren Unternehmen hat er sich noch ein Gespür für Gott bewahrt.

Worin besteht die Strafe? Sie ist im Grunde genau das Gegenteil von großem Erfolg. Um totale Entmachtung des Königs handelt es sich: Siebzigtausend Menschen sterben. David muß zusehen, wie das Volk von der Pest förmlich dahingerafft wird. Nun spürt er seine eigene Schwäche, erkennt, wie unnütz es ist, nach menschlicher Art Maß zu nehmen. So erfährt er tiefste Demütigung.

4. Das Aufleuchten des Tempels

Gottes Erbarmen zeigt sich ganz deutlich im dritten Teil der Erzählung.

Als der Engel seine Hand gegen Jerusalem ausstreckt, „reute den Herrn das Unheil und er sagte zu dem Engel, der das Volk ins Verderben stürzte: Es ist jetzt genug, laß deine Hand sinken!" Der Herr ist barmherzig mit Jerusalem.

„Der Engel war gerade bei der Tenne des Jebusiters Arauna. Als David den Engel sah, der das Volk schlug, sagte er zum Herrn: Ich bin es doch, der gesündigt hat; ich bin es, der sich vergangen hat. Aber diese Herde, was haben sie denn getan? Erheb' deine Hand gegen mich und gegen das Haus meines Vaters!" (VV. 16–17). Daraufhin weist der Prophet Gad den König an, auf der Tenne des Jebusiters Arauna einen Altar zu errichten. David baut einen Altar und bringt das Opfer dar. Das ist der Ursprung des Tempels, denn genau an dieser Stelle wird der Tempel Salomons errichtet, dessen Überreste man heute noch in Jerusalem sieht. Aus dem Versagen des David erwächst die Nähe Gottes zeichenhaft neu.

5. Versuch eines Gegenwartsbezugs

Viele Aspekte der Begebenheit bleiben geheimnisvoll. Ein Gottesbild wird uns vorgestellt, das wir kaum teilen können. Ich bin aber auch der Ansicht, daß in der Erzählung Züge verborgen liegen, zu denen jeder Mensch ganz tief in seinem Inneren einen ursprünglichen Zugang hat, wo freilich das Licht Christi noch keine Klarheit gebracht hat. So fürchten wir uns ganz allgemein, Heiliges anzurühren, Gottes Zorn zu provozieren.

Dies im Hintergrund, sei die Frage gestellt, welche Bedeutung die Versuchung des David für uns heute haben kann. Ganz ohne Zweifel sind Erfolg und Macht für uns heute besondere Versuchungen, und zwar nicht nur für den einzelnen, sondern sozusagen für das Kollektiv. Das gilt in besonderer Weise für das Abendland.

Die Kirche lebt in dieser Atmosphäre. Sie ist dazu geneigt, beim Einsatz ihrer Mittel auch immer nach Erfolg und Nutzen zu fragen. Sie bedient sich aller möglichen

Technologien. Es ist ja nichts Böses, solches in Anspruch zu nehmen, wenn nur die leitenden Absichten gut sind. Sehr rasch aber ist man dem Götzendienst des Erfolgs verfallen.

Die Sünde des David besteht nicht darin, die Volkszählung durchzuführen. Entscheidend ist, in welcher Gesinnung und Absicht er es tut. Das Entscheidende an einer Handlung ist weniger ihr äußerer Ablauf, sondern die innere Einstellung, mit der man sie vollzieht.

1. *Menschen in der Kirche* – also auch wir! – können der Versuchung von Macht verfallen. Dies ist dann der Fall, wenn wir davon besessen sind, sofort die Früchte und Ergebnisse unserer Arbeit sehen zu können. Die anderen sollen doch wahrnehmen, wie gut unsere Vorhaben sind. Wir schätzen das, was Gott tut, fast mit den Maßstäben ab, wie sie bei internationalen Konzernen in Gebrauch sind. Warum hilft uns Gott nicht, andere, wirksamere Methoden zu entwickeln? Vielleicht hat er uns gar verlassen!

Weil es diese Einstellung gibt, gibt es in der Kirche Spannungen. Der Teufel tut sein Werk, aber man wird immerhin fragen dürfen, warum er dabei ein so leichtes Spiel hat. Ein Grund dafür liegt meiner Ansicht nach darin, daß viele in der Kirche ihre ganz persönliche Tätigkeit, ihr Werk als Werk Gottes ansehen. Von daher kommen Streitigkeiten, Spaltungen und schließlich Trennungen.

2. Die angedeuteten Versuchungen können auch in *kirchlichen Einrichtungen* vorkommen, zum Beispiel im Gefüge von bestimmten Gruppierungen, in katholischen Schulen und Hochschulen. Alles beginnt damit, daß man zu zählen beginnt: was man so alles vermag, wie erfolgreich man ist. Damit meint man, in der Mitte der Kirche zu leben, während man doch die anderen in der Kirche verachtet! Die Absicht ist anfangs gut, aber dann dringt Böses ins Herz ein. Die bleibende Absicht

müßte doch sein, der Kirche zu dienen, nicht der Gruppe oder dem „Firmenschild". Viele Gruppen stellen sich dem Bischof gegenüber so dar, als seien sie bzw. besäßen sie Allheilmittel zur Rettung der Kirche. Sie verstehen nur schwer, daß auch andere für dieses oder jenes Problem den passenden Schlüssel haben können; daß man also die verschiedenen Unternehmungen in einen größeren Rahmen integrieren muß. Die Diözese ist der Rahmen, in den all die kleineren Aktivitäten eingefügt werden müssen.

3. Manchmal sind es doch einzelne, die den genannten Versuchungen anheimfallen. So klagen sie, daß sie nicht das besäßen, was sie eigentlich notwendigerweise haben müßten. Ein solches Klagen kann berechtigt sein. Manchmal aber klingt es bitter, erinnert an David: Wenn ich dieses oder jenes hätte, dann käme auch der Erfolg. Ich könnte mich ja dann auf meine Kräfte verlassen.

6. Schluß

Abschließend möchte ich noch unterstreichen, daß der Erfolg wichtig ist. Er ist ein Teil unserer Arbeit. Ich möchte nicht, daß wir ins andere Extrem fallen und sozusagen das Scheitern um seiner selbst willen suchen. Der Ausgleich in der Mitte war schon immer katholisches Charakteristikum.

Nichtsdestoweniger ist es wichtig, eine Werteskala zu besitzen. Dem David war sie aus dem Blick geraten. Daher sagt auch der heilige Ignatius, wir sollten Unordnung aus unserem Leben beseitigen. Wer Gott an die erste Stelle setzt („Gott, du mein Gott!"), der braucht nichts zu fürchten. Wenn Gott für mich das höchste Gut ist, von der keine Macht der Welt mich trennen kann – weder Leben noch Tod, weder Krankheit noch Niederlage –, dann ergibt sich alles weitere von selbst.

Wenn Gott das höchste Gut ist, das sich dem Menschen mitteilt, dann sind Gnade, Gebet und Nächstenliebe höchste Güter. Wenn man einmal eine solche Reihenfolge gesetzt hat, darf man auch noch vieles andere als Wert anerkennen und pflegen: Freundschaft und Freude, Treue und Gerechtigkeit, Liebe und Geselligkeit. Und wiederum etwas tiefer sind dann die „natürlichen" Voraussetzungen anzusiedeln: Gesundheit, Nahrung, Arbeit, Erfolg, Anerkennung.

Also hat auch der Erfolg seinen Platz. Was Gott von uns verlangt, das ist Ordnung in unserem Herzen, so, wie gottgewollte Ordnung im Herzen Davids herrschte, als er den Psalm 63 sang.

Wir dürfen also nicht für Zweit- und Drittrangiges kämpfen und jammern, daß wir es nicht besitzen, wenn wir doch zweifelsfrei wissen, daß es sich nicht um Erstrangiges handelt.

„O Gott, laß mich erkennen, daß in mir Unordnung herrscht. Reinige mein Herz, ordne meine Gedanken, rücke meine Absichten zurecht, damit ich vor allem anderen dich wähle, das höchste Gut. Alles andere möchte ich in diesem Licht sehen. Herr, alles, was in der Welt ist, ist schön. Aber ich weiß, daß diese Schönheit einer Ordnung entspricht, die aus jener Liebe kommt, die Jesus, wahrer Mensch und wahrer Gott, uns durch seinen Tod und durch seine Auferstehung gelehrt hat!"

Jesu wahre Verwandte

Homilie

Was in dem Abschnitt über die wahren Verwandten Jesu des Matthäusevangeliums (vgl. 12, 46–50) erzählt wird, ist nicht einfach zu verstehen, nicht einmal vom rein äußeren Ablauf her. Offensichtlich ist Jesus in einem Haus, denn es wird gesagt, seine Mutter und seine Brüder seien „vor dem Haus", weshalb sie ihn nicht sprechen konnten. Andererseits wird berichtet, daß Jesus „noch mit Leuten redete". Man kann sich nicht vorstellen, wie in einem geschlossenen Haus viele Leute sein konnten. Oder sollte es sich doch nur um wenige gehandelt haben? Wie dem auch sei: Nehmen wir einfach einmal an, Jesus befand sich in einem Zimmer. Schriftgelehrte und Pharisäer waren neben den Jüngern auch dabei, und vielleicht noch ein paar andere. Das ist die Szene.

Vor der Tür des Hauses aber befinden sich viele Leute. Unter ihnen sind Maria und Verwandte Jesu. Sie rufen laut von draußen, bis es drinnen jemand hört und zu Jesus sagt: „Deine Mutter und deine Brüder stehen draußen und wollen mit dir sprechen." Darauf Jesus: „Wer ist meine Mutter, und wer sind meine Brüder?" Und weiter heißt es: „Und er streckte die Hand über seine Jünger aus und sagte: „Das hier sind meine Mutter und meine Brüder. Denn wer den Willen meines himmlischen Vaters erfüllt, der ist für mich Bruder und Schwester und Mutter." Wir können ja noch verstehen, daß Jesus nicht mit seiner Verwandtschaft („Brüder") reden wollte. Was hat es aber zu bedeuten, daß er sich weigert, selbst mit seiner Mutter zu reden?

Man darf den Abschnitt natürlich nicht isoliert sehen. Die Parallelstelle bei Markus ist noch härter in der Aussage (Mk 3, 20–21). Dort wird die Mutter überhaupt nicht erwähnt. Die „Angehörigen" kommen, um ihn mit Gewalt zu holen, denn sie sagen: „Er ist von Sinnen". Vermutlich sind diese „Angehörigen" dieselben Leute, die Matthäus „Brüder" nennt.

Und noch einen anderen, verwandten Text gibt es. Maria findet den zwölfjährigen Jesus im Tempel und tadelt ihn: „Dein Vater und ich haben dich voll Angst gesucht." Darauf sagt Jesus: „Wußtet ihr nicht, daß ich in dem sein muß, was meinem Vater gehört?" (Lk 2, 48–49) Schließlich sei noch an die Bemerkung bei der Hochzeit zu Kana erinnert: „Was willst du von mir, Frau?" (Joh 2, 4)

Was will Jesu also sagen? Was bedeutet seine Botschaft, die wir also nicht nur von Markus hören?

1. Zunächst einmal will er wohl sagen, daß die *verwandtschaftlichen Bande erst nach den Verbindungen geistlicher Art kommen*. Diese Sichtweise ist für Israel und darüber hinaus für jede Kultur revolutionär. Alles Leben kommt ja aus verwandtschaftlicher Beziehung, sie ist die Quelle jeder Form von echter Brüderlichkeit. Die Gesellschaft gründet letztlich auf der Familie. Auch die alten Philosophen, Cicero zum Beispiel, haben gesagt, die Liebe sei nichts anderes als die Ausweitung jener Einstellung, die man zu den Familienangehörigen hat, auf andere. Diese Form von Liebe sei dann auch wahre Verwandtschaft.

Auch in der Welt Jesu war die leibliche Verwandtschaft grundlegend. Die Religion hing an der Abstammung von Abraham ... Jesus leugnet nicht, der Sohn Davids zu sein, aber er erklärt uns den wahren Sinn dieses Faktums: Es ist wie ein Bezugspunkt, um etwas Tieferes zu begreifen.

2. Jesus will sagen, daß wahre Verwandtschaft aus der *Erfüllung des Willens Gottes* kommt. Das steht so auch im Koran. Einmal kam ein Gelehrter des Korans ins Bibelinstitut in Rom, und wir haben uns über unsere Heiligen Schriften unterhalten. Am Schluß zitierte er ein Wort des Propheten, das sinngemäß lautet: „Das Studium der Heiligen Schrift macht die zu Verwandten, die nach deren Wort leben."

Hier geht es also um eine Gesellschaft, die auf Banden beruht, die auf Entscheidungen Gottes und der Menschen basieren, nicht auf natürlichen Vorgaben.

3. Daraus folgt, daß der *Wille Gottes identisch ist mit dem größten Vorzug und Privileg* im Reich Gottes. Es gibt dort keine anderen Privilegien, auch nicht solche aus Blutsverwandtschaft. Das konnten die Juden nicht verstehen. Abstammung ist für sie immer Abstammung dem Fleische nach. Maria hat das verstanden und – akzeptiert.

4. Hinzuweisen ist noch darauf, daß sich Jesus als der *verheißene Messias zu erkennen gibt.* Alle anderen Werte des Lebens müssen um ihn herum angeordnet werden: „Wer den Willen meines himmlischen Vaters erfüllt, der ist für mich Bruder und Schwester und Mutter."

Der höchste Wert, den es gibt, ist Gott. Dieser Gott aber teilt sich in Jesus mit. Jesus schafft eine neue Werteordnung.

Mit dem Kopf mögen wir das ja alles verstehen, aber es fällt uns schwer, es auch zu leben. Im Grunde stehen wir hier vor dem Lebensprinzip unserer Gemeinschaften. Letztlich ist es der Wille Gottes, der uns zu Schwestern und Brüdern macht. So hängt also jede religiöse Kommunität ganz und gar am Glauben und am Maß des Glaubens, mit dem sie sich vom Willen Gottes bestimmen und formen läßt.

So ist also die religiöse Gemeinschaft eine Lebensgemeinschaft, die nicht aus sich selbst, sondern aus dem Evangelium lebt. Die Gemeinschaft der Familie – mit all den Unterschieden zwischen den einzelnen Familienmitgliedern – wird von physischer Kraft zusammengehalten. Bei einer religiösen Gemeinschaft entspricht der Glaube dieser physischen Kraft. Ist der Glaube nur gering, dann ist es wohl schwer, die Anstrengungen eines Lebens in Gemeinschaft zu ertragen.

Die Schwierigkeiten, die wir in unseren religiösen Gemeinschaften und letztendlich in allen Gruppierungen von Christen empfinden, haben ihren Ursprung darin, daß wir uns Jesus nicht vollständig anheimgeben. Daher sind sie oberflächlich, die geschwisterlichen Beziehungen kommen nicht aus dem Herzen, sondern man „plant" sie. Daher fehlen auch Freude und eine gewisse Leichtigkeit in solchem Miteinander – ein Riesenproblem für die Kirche.

Übrigens haben mich auch die endlosen Diskussionen zwischen Missionaren betroffen gemacht, die ich in Asien, Afrika und in Lateinamerika besucht habe. Dabei handelt es sich doch um Frauen und Männer, die alles hingegeben haben; die aufgebrochen sind in ferne Länder und jetzt doch eigentlich in tiefer innerer Verbindung zusammenleben müßten! Aber so ist es leider nicht. Jeden Tag müssen wir Jesus bitten, uns aus seinem Herzen heraus die Kraft zu geben, daß unsere Herzen sich ändern; daß unser Glaube sich mehre.

Wir wollen in dieser Eucharistiefeier im Blick auf alle Versäumnisse um Vergebung bitten, die unser geschwisterliches Miteinander betreffen. Wir wollen daran denken, wie oft wir die Schwestern und Brüder nicht als wahre Schwestern und Brüder angesehen haben, denen man immer froh und aus tiefstem Herzen vergeben muß. Jesus ist für uns Bruder, Schwester und Mutter. Er wird das für uns in den Menschen, die unsere Lebensideale leben, die uns stützen auf dem Weg, den wir gehen.

„Herr, verzeih' uns unsere Streitigkeiten! Heile unsere Wunden, unsere inneren Zwiespältigkeiten! Gib uns jenen Frieden, der von dir kommt und der anzeigt, daß wir mit dir und in dir eine enge Gemeinschaft bilden!"

Nachlässigkeit im Kleinen

Wenden wir uns nun der zweiten Sünde Davids zu, die in der Bibel berichtet wird! Im Hintergrund steht Psalm 51, der die Überschrift trägt: „Für den Chormeister. Ein Psalm Davids, als der Prophet Natan zu ihm kam, nachdem sich David mit Batseba vergangen hatte." Dort heißt es: „Gott, sei mir gnädig nach deiner Huld, tilge meine Frevel nach deinem reichen Erbarmen! Wasch meine Schuld von mir ab, und mach mich rein von meiner Sünde! Denn ich erkenne meine bösen Taten" (VV. 3–5).

„Herr, mein Gott! Hilf mir, meine Schuld so zu erkennen und anzuerkennen, wie David es getan hat. Mögen mir auf die Fürsprache der Jungfrau Maria drei Gnadenerweise gewährt sein (vgl. Nr. 63 im Exerzitienbüchlein des heiligen Ignatius, in der *Ersten Woche*): Eine innere Durchdrungenheit von meiner Sünde und einen Abscheu davor; daß ich die Unordnung meiner Handlungen fühle, damit ich dieselbe verabscheuend mich bessere und mich ordne; drittens die Erkenntnis der Welt ... David sagt, mein Gott, daß du so die Wahrheit liebst und mich im Geheimen Weisheit lehren kannst (vgl. Ps 51, 8). Lehre mich innere Ordnung, Herr, damit ich all das aus den Dingen dieser Welt ablehne, was eitel ist! Ich möchte einen klaren Blick für die Umstände des Lebens im Kleinen haben, die oft Ursache für große Irrtümer sind. Hilf mir, die kleinen Nachlässigkeiten nicht für gering zu achten. Entsündige mich mit Ysop, dann werde ich rein; wasche mich, dann werde ich weißer als Schnee. Sättige mich mit Entzücken und Freude! Jubeln sollen die Glieder, die du zerschlagen hast! (vgl. Ps 51,9 f)."

Die zweite Sünde des David wird in der Heiligen Schrift vor der ersten berichtet. Wir lesen sie in 2 Sam 11.

1. Die geistliche Struktur Davids

Der Text ist ein Meisterstück biblischer Erzählkunst. Man achte besonders auf die hervorragende psychologische Analyse der inneren Struktur Davids. Ich möchte nur einen einzigen Aspekt herausgreifen: Was geschieht, wenn man Umstände im kleinen und im einzelnen berücksichtigt? Meine Hypothese lautet: Die Nachlässigkeit im Kleinen hat den David zum Gegenteil dessen geführt, was er einmal war. Wir haben gesagt:

David ist ein Sünder, hat jedoch Prinzipien, auf die er nie verzichtet. Er hat auch eine klare geistliche Struktur. David ist Freunden gegenüber loyal und treu. Er hält das, was er gelobt. Auch im Krieg gibt es für ihn klare Regeln.

1. Denken wir zum Beispiel an verschiedene Abschnitte, in denen von seiner tiefen Freundschaft zu Jonatan, dem Sohn seines Feindes, die Rede ist. So sagt er nach dem Tod Jonatans: „Gibt es noch jemand, der vom Haus Saul übriggeblieben ist? Ich will ihm um Jonatans willen meine Huld erweisen." (2 Sam 9,1) Eine solche Art von Treue, die David auch pflegt, macht ihn vor seinem Volk groß.

2. Grausam ist David, aber er achtet die Kriegsregeln. So ist daran zu erinnern, daß er den König Saul schont, weil er vor dem Gesalbten des Herrn Achtung hat bzw. weil es unehrenhaft wäre, jemanden im Schlaf zu töten (vgl. 1 Sam 24,26).

3. Seine Klage um Saul und Jonatan macht ihn zu einem der ganz Großen des Alten Testamentes. Das Klagelied macht deutlich, wie er sogar einem Menschen die Treue hält, der seinen Namen von der Erde getilgt hätte, wäre es ihm möglich gewesen.

„Saul und Jonatan, die Geliebten und Teuren, im Leben und Tod sind sie nicht getrennt. Sie waren schneller als Adler, waren stärker als Löwen. Ihr Töchter Israels, um Saul müßt ihr weinen. Er hat euch in köstlichen Purpur gekleidet, hat goldenen Schmuck auf eure Gewänder geheftet. Ach, die Helden sind gefallen mitten im Kampf! Jonatan liegt erschlagen auf deinen Höhen! Weh ist mir um dich, mein Bruder Jonatan! Du warst mir sehr lieb. Wunderbarer war deine Liebe für mich als die Liebe der Frauen" (2 Sam 1, 23 ff).

Im elften Kapitel freilich wird uns beschrieben, wie David illoyal und zu einem untreuen Verräter wird, weil er kleine Umstände nicht beachtet. Er selbst hätte es wohl nicht geglaubt, wenn man ihm gesagt hätte, als er auf die Terrasse hinausging: Du wirst einmal deinen besten Freund töten, ihn, der dir mehr ergeben ist als alle anderen! Er hätte gesagt: Das ist ganz und gar unmöglich!

2. Die Geschichte einer Sünde

„Um die Jahreswende, zu der Zeit, in der die Könige in den Krieg ziehen, schickte David den Joab mit seinen Männern und ganz Israel aus, und sie verwüsteten das Land der Ammoniter und belagerten Rabba." (2 Sam 11, 1) Krieg ist für David kein Problem. Er führt Kriege, weil das zum Königsein gehört. Dieser erste Vers ist die Einleitung zu der ganzen Erzählung.

Mit großem psychologischen Geschick macht der Erzähler deutlich, daß alles mit einem bestimmten *Blick*, einem Hinschauen beginnt: „Als David ... zur Abendzeit von seinem Lager aufstand und auf dem Flachdach des Königspalastes hin- und herging, sah er von dort aus eine Frau, die badete. Die Frau war sehr schön anzusehen" (V. 2). Warum schaut er überhaupt hin? Wahrscheinlich sagt er sich: In meinem Alter und mit meinem reichen Erfahrungsschatz ist mir das gestattet, es wird keine Folgen haben.

Auf das Hinschauen folgt *mangelnde Vorsicht*: „David schickte jemanden hin und erkundigte sich nach ihr. Man sagte ihm: Das ist Batseba, die Tochter Amiels, die Frau des Hetiters Urija" (V. 3). Auch das ist nur ein unbedeutendes Faktum; David merkt nicht, in was er da hineinschlittert. Er wird noch unvorsichtiger. „Darauf schickte David Boten zu ihr und ließ sie holen" (V. 4). Wir können ihn natürlich entschuldigen und sagen, daß es sich lediglich um eine Laune handelt. Er will die Frau einfach kennenlernen. Möglicherweise möchte er sie an den Hof holen. Aber in seinem Herzen hat er schon eine Entscheidung getroffen!

Der Text fährt lapidar fort: „Sie kam zu ihm, und er schlief mit ihr – sie hatte sich gerade von ihrer Unreinheit gereinigt. Dann kehrte sie in ihr Haus zurück. Die Frau war aber schwanger geworden und ließ ihm mitteilen: Ich bin schwanger" (VV. 6 f).

Auf der einen Seite das „Hinschauen", auf der anderen die Schwangerschaft. Alles entwickelt sich wie in einem Traum. Nun beginnt die eigentliche Geschichte der Sünde des David. Bis hierher konnte man noch von Schwäche und Dummheit reden. Nun aber muß er sich fragen: Was tun?

Zuerst sagt er sich: Ich werde mich aus der Angelegenheit herausziehen und meinen Ruf bzw. die Ehrbarkeit der Frau nicht aufs Spiel setzen. Die Situation ist brenzlig, aber noch kann ich mich retten. „Darauf sandte David einen Boten zu Joab und ließ ihm sagen: Schick den Hethiter Urija zu mir! Und Joab schickte Urija zu David.

Als Urija zu ihm kam, fragte David, ob es Joab und dem Volk gut gehe und wie es mit dem Kampf stehe" (VV. 6 f). Er sagt nichts von dem, was geschehen ist; tut so, als gehe es lediglich darum, den Urija als Soldaten zu loben. Wie nebenbei streut er ein: „Geh in dein Haus hinab und wasch dir die Füße!" Der Text fährt fort: „Urija verließ das Haus des Königs, und es wurde ihm ein Geschenk des Königs nachgetragen. Urija aber legte sich am Tor des Königshauses bei den Knechten seines Herrn nieder und ging nicht in sein Haus hinab" (VV. 8 f). Vielleicht hat Urija sogleich die Situation begriffen; vielleicht hat sich David durch den Klang seiner Stimme verraten. Vielleicht hat er aber überhaupt nichts bemerkt und achtet einfach die Gepflogenheiten, an denen man sich im Krieg orientiert.

In dieser Nacht geht dem David wohl auf, daß er die Situation doch nicht in der Hand hat. Aber er möchte das Heft nicht aus der Hand geben. „Man berichtete David: Urija ist nicht in sein Haus hinabgegangen. Darauf sagte David zu Urija: Bist du nicht gerade von einer Reise gekommen? Warum bist du nicht in dein Haus hinuntergegangen? Urija antwortete David: Die Lade und Israel und Juda wohnen in Hütten, und mein Herr Joab und die Knechte meines Herrn lagern auf freiem Feld. Da soll ich in mein Haus gehen, um zu essen und zu trinken und bei meiner Frau zu liegen? So wahr du lebst und so wahr deine Seele lebt, das werde ich nicht tun!" (VV. 10 f).

Der Text ist voller Ironie. Man hat den Eindruck, daß Urija jetzt den König an der Nase herumführt – besser gesagt: Er hat wohl einen Verdacht und will dem David eine Falle stellen. David, nun ganz verwirrt, ist liebenswürdig und gastfreundlich. Urija kehrt die Ehrfurcht vor Gott und den Respekt vor den Gepflogenheiten heraus. In diesem Spiel hat der König die schlechteren Karten. Aber noch will er sich nicht geschlagen geben. So lädt er den Urija ein, bei ihm zu essen und zu trinken, und er macht ihn betrunken. Urija geht am Abend weg, jedoch nicht in sein Haus, sondern in sein Lager bei den Knechten.

Jetzt geht wohl dem David auf, daß er sich verrannt hat. Trotzdem klagt er sich jetzt nicht an („Was habe ich getan?"), sondern versucht, drei Dinge zu retten: Seine Ehrbarkeit als König; das Leben der Mutter und des Kindes; die Freundschaft, die ihn mit Urija verbindet. Freilich weiß er nicht, wie er das zusammenbringen soll. Sollte er vielleicht doch seine Ehre aufs Spiel setzen? Unmöglich! Sollte er Mutter und Kind verlassen? Niemals. Die Freundschaft aufs Spiel setzen? Auch das nicht. Seine Gedanken wandern von einer Möglichkeit zur anderen. Keine möchte er ausschalten. Das ist wohl die Struktur von Sünde und Unordnung: Kleine Nachlässigkeiten und Fehler führen in eine Situation, aus der man aus eigener Kraft nicht mehr ausfindet. Vielleicht ist es das erste Mal im Leben, daß David Angst hat. Er ist sich bewußt, daß er nicht alle drei Dinge unbeschädigt lassen kann. Eine Entscheidung fällt: Er opfert den Freund.

„Am anderen Morgen schrieb David einen Brief an Joab und ließ ihn durch Urija überbringen. Er schrieb in dem Brief: Stellt Urija nach vorn, wo der Kampf am heftigsten ist, dann zieht euch von ihm zurück, so daß er getroffen wird und den Tod findet. Joab hatte die Stadt beobachtet, und er stellte Urija an einen Platz, von dem er wußte, daß dort besonders tüchtige Krieger standen. Als dann die Leute aus der Stadt einen Ausfall machten und gegen Joab kämpften, fielen einige vom Volk, das heißt von den Kriegern Davids; auch der Hethiter Urija fand den Tod" (VV. 15–17).

Die Geschichte ist noch nicht am Ende. Die Sünde hat schwerwiegende Folgen. Die folgenden Verse sind ein weiteres Meisterstück an Erzählkunst. Die Männer machen sich über den König lustig. Sie wissen sehr wohl, was vorgefallen ist. Respekt und Ehre, die David wahren wollte, koste es, was es wolle, sind dahin. Der getreue Joab macht sich vor allem anderen lustig über ihn. Er schickt einen Boten zu ihm und befiehlt ihm, alle Einzelheiten des Kampfes zu berichten. „Und wenn dann der König in Zorn gerät und zu dir sagt: Warum seid ihr beim Kampf so nah an die Stadt herangegangen? Habt ihr nicht gewußt, daß sie von der Mauer herabschießen? Wer hat Abimelech, den Sohn Jerubaals, erschlagen? Hat nicht eine Frau in Tebez einen Mühlstein von der Mauer auf ihn herabgeworfen, so daß er starb? Warum seid ihr so nahe an die Mauer herangegangen?, dann sollst du sagen: Auch dein Knecht, der Hethiter Urija, ist tot" (VV. 10 f).

Alles kommt so, wie Joab vorausgesehen hat. Die Erzählung schreitet langsam voran. Jedes Detail wird geradezu genüßlich vorgetragen. Der Bote bricht also auf, kommt zum König und überbringt ihm die Nachrichten. David gerät in Zorn. Der Bote erzählt alle Einzelheiten und schließt mit den Worten: „Auch dein Knecht, der Hethiter Urija, ist tot" (V. 24). Darauf David: „So sollst du zu Joab sagen: Betrachte die Sache nicht als so schlimm, denn das Schwert frißt bald hier, bald dort. Setz' den Kampf gegen die Stadt mutig fort und zerstöre sie! So sollst du ihm Mut machen" (V. 25). David verharrt in seiner Sünde. Er ist davon überzeugt, daß er nicht anders handeln konnte, versucht sich zu rechtfertigen. Seine Schlußfolgerung ist jene, die man von allen hört, die gegen Verläßlichkeit, Freundschaft und familiäre Verpflichtungen sündigen: Ich wollte nichts Schlimmes tun. Es gab jedoch keinen anderen Weg, aus der Sackgasse herauszukommen.

Der König hat nun keinerlei Schwierigkeiten, die Frau des Urija zu sich zu holen. Er denkt wohl, das einzig Richtige getan zu haben. Batseba wird also die Frau des David, schenkt ihm einen Sohn.

3. Gott führt den David zur Reue (2 Sam 12,1–14)

Kapitel 11 endet mit einem Satz, der die Gesamtsituation grundlegend ändert: „Dem Herrn aber mißfiel, was David getan hatte." (V. 27 b) Tatsächlich hat er Gott ganz vergessen und wohl auch die Worte, die er einmal formuliert hatte: „Gott, du mein Gott, dich suche ich ... Meine Seele dürstet nach dir ... Meine Seele hängt an dir."

In der gesamten Erzählung ist niemals davon die Rede, daß er etwa gebetet hätte. Niemals kam ihm in den Sinn zu sagen: Herr, hilf du mir, daß ich da herauskomme! Er dachte wohl, dies sei allein sein Problem. Nicht einmal Gott würde ihm da helfen können. David hatte sich also weit von jenem Geist des Glaubens, der Demut und der Hingabe entfernt, der ihn einmal ausgezeichnet hatte. Wahrscheinlich hatte er sogar gedacht: Der Herr hat mich in diesen ganzen „Schlamassel" hineingeraten lassen. Er steht nicht mehr zu mir. Die Sünde hat Verwirrung in ihm angerichtet, hat ihn traurig gemacht. Kleine Umstände, die er nicht beachtet hatte, ziehen ein Negativum nach dem anderen nach sich.

Mit Kapitel 12 nimmt Gott die Dinge wieder in die Hand: „Der Herr schickte den Natan zu David" (V. 1). Wäre der nicht gesandt worden, dann wäre wohl David für den Rest seines Lebens in der Meinung verblieben, er habe recht gehandelt. Gott aber liebt das Geordnete, den Frieden, die Wahrheit, wie es in Ps 51,8 heißt: „Lauterer Sinn im Verborgenen gefällt dir."

Ein Gleichnis wird erzählt. Dieses bewirkt, daß die Wahrheit allmählich wieder Gestalt gewinnt in David. „In einer Stadt lebten einst zwei Männer, der eine war arm, der andere reich. Der Reiche besaß sehr viele Schafe und Rinder, der Arme aber besaß nichts außer einem einzigen kleinen Lamm, das er gekauft hatte. Er zog es auf, und es wurde bei ihm zusammen mit seinen Kindern groß. Es aß von seinem Stück Brot, und es trank aus seinem Becher, in seinem Schoß lag es und es war für ihn wie eine Tochter. Da kam ein Besucher zu dem reichen Mann, und er brachte es nicht über sich, eines von seinen Schafen und Rindern zu nehmen, um es für den zu bereiten, der zu ihm gekommen war. Darum nahm er dem Armen das Lamm weg und bereitete es für den Mann, der zu ihm gekommen war" (12, 1–4). Die Erzählung ist ganz schlicht, weil sie eine Grenzsituation beschreibt.

David findet zu sich zurück. Gott in seiner Güte und Treue macht ihn frei. Er wird nicht getadelt, wie wir es in ähnlichen Situationen wohl tun würden. Hätte Natan ihn angeklagt, dann hätte er wohl wieder alle möglichen Ausflüchte gesucht. Die Aussage der Geschichte wendet sich nicht an den Sünder David, sondern an David, den Gerechten und Getreuen. Daher seine Reaktion: „Da geriet David in heftigen Zorn über den Mann und sagte zu Natan: So wahr der Herr lebt: der Mann, der das getan hat, verdient den Tod?" Er sorgt sich, daß die Gerechtigkeit wieder hergestellt werde. Deshalb fügt er hinzu: „Das Lamm soll er vierfach ersetzen, weil er das getan und kein Mitleid gehabt hat" (VV. 5 f).

Nun kommt ein besonderer Moment: Was wird Natan sagen? Wird er überhaupt Mut haben zu reden? Wir wissen ja aus eigener Erfahrung, wie schwer es ist, bestimmte Situationen durchzustehen, und wie oft es am Mut zur Wahrheit fehlt.

„Da sagte Natan zu David: Du selbst bist der Mann! So spricht der Herr, der Gott Israels: Ich habe dich zum König von Israel gesalbt, und ich habe dich aus der Hand Sauls gerettet. Ich habe dir das Haus deines Herrn und die Frauen deines Herrn in den Schoß gegeben, und ich habe dir das Haus Israel und Juda gegeben, und wenn das zu wenig ist, gebe ich dir noch manches andere dazu.

Aber warum hast du das Wort des Herrn verachtet und etwas getan, was ihm mißfällt?" (VV. 7–9)

David ist außerordentlich betroffen. Er bekennt dem Natan, der ihm auch die Strafe ankündigt: „Ich habe gegen den Herrn gesündigt" (V. 13). Nun gewinnt er sein geistliches Profil wieder. Er verläßt sein selbstgemachtes Gefängnis und entscheidet sich für den Weg, der sich von Anfang an als der einfache und richtige nahegelegt hätte: Er stellt alles persönliche Ansehen hintan, um Gott die Ehre zu geben. Eigentlich hatte er ja das Ansehen des Königs verteidigen wollen. Damit war er in eine Serie von Lügen geraten, war schließlich beim Mord geendet. Sein Eingeständnis kommt aus demütigem und aufrichtigem Herzen. Daher kann ihm Natan die Vergebung Gottes zusagen. Er wird nicht sterben. Jedoch stirbt das Kind, das Batseba ihm geboren hat.

4. Sich in David wiedererkennen

Die Geschichte ist gar nicht so weit weg von uns. David ist eine Art Modell für alle Zeiten. Sie lehrt uns, wie kleine Nachlässigkeiten Menschen in größte Schwierigkeiten bringen können. Wer nicht fest hinblickt auf Gott, der fällt von einem Fehler in den anderen. Seine Sünden werden immer schwerer. Gott aber ist reich an Barmherzigkeit. Er hilft uns, daß wir das Gute in uns selber entdecken; daß wir aufspüren, was Gott selber uns durch seinen Heiligen Geist geschenkt hat: Wahrheitsliebe, Sinn für Gerechtigkeit und Treue zu Gott.

Jesus sagt – und das gilt für alle Zeiten: „Aus dem Herzen kommen böse Gedanken, Mord, Ehebruch, Unzucht, Diebstahl, falsche Zeugenaussagen und Verleumdungen (Mt 15, 19).

Wir erkennen uns in David wieder, denn jeder von uns hat ein „böses Herz", aus dem Unordnung in unser Leben kommt. Daher müssen wir uns auch immer wieder an Psalm 51 orientieren. Keiner von uns ist ohne Schuld. Wir werden immer wieder zu Sündern, auch wenn wir nicht Könige sind und auch nicht die Macht eines David haben. Als Menschen sind wir in der Situation des Ungeordnetseins. Durch kleine Nachlässigkeiten geraten wir immer wieder in Sünde, werden zu Gefangenen unserer selbst. Allein die Gnade Gottes, um die wir ständig bitten müssen, ist es, die uns jeden Tag in der Wahrheit erhält.

Fünfte Meditation

Das Bekenntnis Davids

„Gott, unser Vater! Du hast den David in der Tiefe seines Herzens verstanden. Hilf uns, daß wir an diesem Verstehen teilhaben, damit wir uns selber in der Tiefe des Herzens verstehen und vor allem begreifen, was in der Tiefe des Herzens deines Sohnes Jesus beschlossen liegt.

Jungfrau Maria, Tochter Sion, du hast den Erlöser geboren. Hilf uns, ihn in seinem Herzen zu verstehen, damit wir begreifen, was es mit unserem Herzen auf sich hat und mit den Herzen der Menschen, die wir lieben und die uns anvertraut sind.

Besonders möchten wir in die Herzen jener hineinschauen, die leiden und ohne Hoffnung sind. Herr, schenke uns das Gespür für die Zeit – für Vergangenheit, Gegenwart und Zukunft! Laß uns erkennen, wie ungeordnet unser Leben ist, damit wir uns der Wirklichkeit Gottes öffnen, seiner Zeit, die stets eine Zeit des Erbarmens und der Liebe ist. So bitten wir dich, Vater, durch Christus, unseren Herrn, in der Einheit des Heiligen Geistes. Amen."

1. Die messianische Bedeutung der Sünden des David

Es sei darauf hingewiesen, daß die Berichte über die beiden Sünden des David gewissermaßen *messianischen Ausblick* haben. Wir sollten uns überhaupt mehr und mehr mit dem Gedanken vertraut machen, daß die Ge-

schehnisse im Leben des David und um David eine Verbindung mit der Offenbarung Gottes in Jesus haben.

– Die Begebenheit der Volkszählung endet mit dem
Blick auf den Tempel. Der Altar, der errichtet wird, ist
Sinnbild der Gegenwart Gottes inmitten seines Volkes.
Diese Gegenwart wiederum ist Symbol des endgültigen
und wahren Tempels – Jesus Christus, der „Gott-mit-
uns", der „Immanuel".

– Der Ehebruch mit Batseba führt schließlich zur Geburt Salomos, der in seiner Person Sinnbild des Friedens-
fürsten ist. Das Neue Testament nimmt diese Zusammenhänge auf seine Weise auf: „Stammbaum Jesu
Christi, des Sohnes Davids, des Sohnes Abrahams ... David war der Vater von Salomo, dessen Mutter die Frau
des Urija war" (siehe Mt 1). Batseba wird als Frau des
Urija bezeichnet, damit so die dunklen Begebenheiten in
Erinnerung kommen, die zur Geburt des Salomo führ-
ten.

Noch drei weitere Frauen werden im Evangelium genannt: Tamar, Rahab und Ruth. Alle drei haben sie ihren – erbaulichen und weniger erbaulichen – Platz in der
Heilsgeschichte. Es ist, als solle zum Ausdruck gebracht
werden, daß Jesus das Vergangene in sich aufgenommen
hat. Somit ist es nicht dem Vergessen anheimgegeben.
Dieser Jesus ist der Heiland aller Menschen. Wir sollten
vor solchem Hintergrund immer wieder darüber meditieren, warum die Heilige Schrift den Ereignissen um David, Batseba und Urija soviel Platz einräumt.

Nur wenn wir die Bedeutung der Davidsgestalt in der
Heilsgeschichte begreifen, kann uns aufgehen, wie sich
die Hoffnung der Menschheit in Jesus versammelt. Auf
diese Gedanken kommen wir zurück. Nun wollen wir
uns Psalm 51 zuwenden.

2. *Psalm 51*

Mit diesem Psalm, dem sogenannten „Miserere" (nach den lateinischen Anfangsworten) verbinde ich manche Erinnerung. Verschiedene Gefühle klingen an, wenn ich ihn lese. Vor einigen Jahren habe ich ihn der Jugend meiner Diözese zur Meditation vorgeschlagen (deutsch: Das Gebet der Versöhnung. Betrachtungen zum Psalm „Miserere", Freiburg i. Br. 1986). Von einem Terroristen, der in einem Mailänder Gefängnis einsitzt, habe ich etwas später einen Text erhalten, der in wunderbarer Weise dem Psalm nachempfunden ist. Das „Miserere" vermag sich menschlicher Herzen zu bemächtigen, besitzt eine große Kraft. Daher ist es auch sehr schwer, diesen Psalm in einer einzigen Meditation auszulegen.

Die Kernaussage ist gleichwohl sehr einfach. Sie entspricht den Worten Davids zu Natan: „Ich habe gegen den Herrn gesündigt" (2 Sam 12,13). Wenn das so ist, kann man auch die Frage auf sich beruhen lassen, ob das „Miserere" von David selbst verfaßt wurde oder ob es sich um eine spätere Schöpfung handelt, die auf die Geschichte Davids Bezug nimmt.

Ganz gewiß liegt ein enger Zusammenhang mit prophetischer Literatur vor, besonders mit Jesaja und Ezechiel. Das gilt etwa für Vers 9: „Entsündige mich mit Ysop, dann werde ich rein; wasche mich, dann werde ich weißer als Schnee." Man mag an Jes 1,18 denken: „Wären eure Sünden so rot wie Scharlach, sie sollen weiß werden wie Schnee". Oder Vers 12: „Erschaffe mir, Gott, ein reines Herz, und gib mir einen neuen Geist!" Eine Parallele dazu wäre Ez 11,19: „Ich schenke ihnen ein anderes Herz und schenke ihnen einen neuen Geist."

Wir können den Psalm als Ausdruck der religiösen Empfindungen eines Volkes im Laufe seiner Geschichte lesen, sollten ihn aber auch auf jeden von uns beziehen, insofern jeder von uns – jeder Mensch – vor Gott im Un-

recht lebt. Wenn es auch nicht einfach ist, den Psalm zu
analysieren, so lassen sich doch vier große Aspekte unterscheiden.

3. Vier Grundaspekte von Psalm 51

1. Die *Vergangenheit* wird in den Mittelpunkt gerückt.
David sagt: „Ich habe gesündigt". Entsprechend heißt es
in Vers 6: „Gegen dich allein habe ich gesündigt, ich
habe getan, was dir mißfällt". Diese Worte beziehen sich
also auf das „Früher". Solcher Bezug gehört in das Bekenntnis eines Menschen hinein, der seinen ungeordneten Zustand vor Gott erkennt.

2. Ist die Vergangenheit kurz im Spiel, so geht es in etwas größerem Umfang um die *Gegenwart*. So heißt es im
Vers 5: „Denn ich erkenne meine bösen Taten, meine
Sünde steht mir immer vor Augen." Leider geben die verschiedenen Übersetzungen nicht präzis wieder, was der
Urtext über die Sünde, den Aufstand des Menschen gegen Gott, sagen will. Im Hebräischen sind vier Worte im
Spiel: pascha, awon, hatta, ra'ach. Sie alle wollen sagen,
daß der Mensch von der geraden Straße abgewichen ist,
und zwar in der Weise, daß er gewissermaßen Zickzack
läuft. Dabei stößt er immer wieder an. So wird das böse,
rebellische Herz des Menschen beschrieben. Es wirft das
Leben des Menschen aus Harmonie und Gleichgewicht,
bewirkt das Gegenteil des Guten. Verschiedene Worte
wollen umschreiben und beschreiben, daß sich der
Mensch bewußt ist, nicht auf dem rechten Weg zu sein.
Er weiß, daß er nicht dort ist, wo er sein sollte – in Über-
einstimmung mit sich selbst und mit Gott, mit der Natur und mit den Mitmenschen. Er ist Gefangener böser
Gedanken.

3. Der Psalm möchte einen *konkreten Anstoß* geben.
Dieser kommt von Anfang bis Ende vor und wird in ein

Gebet gekleidet: „Gott, sei mir gnädig in deiner Huld, tilge meine Frevel nach deinem reichen Erbarmen! Wasch meine Schuld von mir ab und mach' mich rein von meiner Sünde! ... Entsündige mich mit Ysop, dann werde ich rein ... Wasche mich ... Sättige mich mit Entzücken und Freude ... Verbirg dein Gesicht vor meinen Sünden, tilge alle meine Frevel! Erschaffe mir, Gott, ein reines Herz, gib mir einen neuen, beständigen Geist!"

Diese Worte sind voll von Glaube. Der Psalm ist nicht nur Bekenntnis der Schuld, sondern will auch konkreter Anstoß sein, auf Gott zu vertrauen. Das wird durch die verschiedensten Wendungen zum Ausdruck gebracht. „Sättige mich mit Entzücken und Freude! Jubeln sollen die Glieder, die du zerschlagen hast!" Hier wird also an den Menschen appelliert, sein Vertrauen auf Gottes Barmherzigkeit zu setzen.

Vertrauen ist überhaupt Grundakkord des Psalms, wie es besonders eindringlich in Vers 3 zum Ausdruck kommt: „Gott, sei mir gnädig nach deiner Huld, tilge meine Frevel nach deinem reichen Erbarmen!"

Im jüdischen Denken appelliert man an die *chesed* Gottes. Sie wird als Hauptquelle der gesamten Heilsgeschichte angesehen.

Die Aussage, daß Gott den Menschen liebt, steht am Anfang von allem. Es macht betroffen, daß am Anfang des Sündenbekenntnisses ein solches Vertrauen artikuliert wird – Vertrauen in Form des Lobes Gottes, der Proklamation seiner Güte.

Das Sündenbekenntnis, um das es hier geht, ist also zu einem guten Teil Hoffnung. Da steht noch nicht einmal eine Entschuldigung. Wenn wir einem Mitmenschen wehgetan haben, dann sagen wir normalerweise zuerst: Eigentlich wollte ich dir nicht wehtun, es war nicht meine Absicht, es tut mir leid ... David appelliert an die Güte Gottes, ohne sich durch Entschuldigungen oder seine eigene Reue abzustützen. Das ist ein wichtiger Wechsel in der Sichtweise: Wir Menschen sind immer versucht, uns vor Gott zu rechtfertigen, darauf hinzuweisen, wie leid uns alles tut. Im Psalm ist von zerschlagenen Glieder die Rede, aber erst, nachdem die Größe der Liebe Gottes besungen wurde. Vertrauen ist also der Ausgangspunkt des Bekenntnisses.

Ein zweiter konkreter Anstoß des Psalmes besteht darin, den *Wunsch nach Reinigung* in sich zu wecken: „Wasch mich ... mache mich rein ... Verbirg dein Gesicht vor meinen Sünden ... Tilge all meine Frevel ... Befreie mich von Blutschuld ..." Ein solcher Wunsch kommt aber eigentlich nicht aus menschlichem Bemühen, sondern wird von Gott im Menschen erweckt. Hier wird also nicht gesagt: Ich will besser aufpassen, ich möchte nicht mehr so nachlässig sein, sondern: Wasch' mich, reinige mich, mach' mich frei, denn nur deine Barmherzigkeit kann mich neuschaffen.

Darum geht es also auch, daß man sich *als Neuschöpfung begreifen* soll. „Erschaffe mir, Gott, ein reines Herz" (V. 12). Das Tätigkeitswort „erschaffen" meint ein göttliches Handeln, wie es bereits im ersten Vers der Bibel umschrieben wird: „Im Anfang schuf Gott Himmel und Erde ..." (Gen 1, 1). Außerordentlich wichtig ist es, darauf zu vertrauen, daß der Geist Neues schafft. Für mich war und ist es eine schmerzliche Feststellung, daß unsere Gesellschaft beispielsweise der Meinung ist, daß sich Menschen, die Schuld auf sich geladen haben, nicht mehr ändern können. Ich denke an Drogenhändler, Terroristen, Diebe usw. Die Leute glauben nicht an eine wirkliche Umkehrbereitschaft und -fähigkeit, an das Handeln des Geistes, der Herzen und Situationen ändern kann.

Ein solches Fehlen von Hoffnung bei den Leuten ist

schlimm. Manchmal beziehen wir das sogar auf uns selbst: „Ich bleibe doch der, der ich bin. Ich kann mich eben nicht ändern, da ist nichts zu machen." Dahinter steht wohl die Versuchung des Teufels, uns zur Verzweiflung zu treiben.

Im „Miserere" steht es anders: „Erschaffe mir, Gott, ein reines Herz, und gib mir einen *neuen, beständigen Geist.*" In der altlateinischen Übersetzung war vo „spiritus principalis" die Rede. Dieser „spiritus principalis" wird auf den Bischof im Moment der Weihe herabgerufen. Es ist jener Geist, den die Kirche dem neuen Bischof erbittet. Der hebräische Ausdruck des Urtextes wird wohl am besten mit „beständiger Geist" übersetzt. „Verwirf mich nicht von deinem Angesicht, und nimm deinen heiligen Geist nicht von mir! Mach' mich wieder froh mit deinem Heil, mit einem willigen Geist rüste mich aus!" (VV. 13 f)

Dreimal wird der Geist erwähnt. Der Geist schafft das Menschenherz neu. Der Geist ist die Gabe des Neuen Bundes. Sehr richtig verweist die „Jerusalemer Bibel" bei Vers 13 auf Röm 8. Man kann jenes Kapitel, wo vom Leben des Christen nach dem Geist die Rede ist, tatsächlich mit Bezug auf Psalm 51 lesen und meditieren.

Viertes Thema des „Miserere" ist die *Zukunft.* Sie wird ab Vers 15 ins Spiel gebracht. „Dann lehre ich Abtrünnige Deine Wege, und die Sünder kehren um zu dir ... Dann wird meine Zunge jubeln über deine Gerechtigkeit ... Mein Mund wird deinen Ruhm verkünden ..."

Hoffnung ändert Zukunft. Das neue Herz, das erhofft wird, ist nicht mehr – wie in der Vergangenheit – unter der Last von Sünde, Hochmut und Nichtigkeiten des Lebens. Der Geist des Missionarischen wird beschworen. Der Welt wird die Botschaft vom „neuen Herzen" zugemutet. „Dann lehre ich Abtrünnige deine Wege ..." Nicht nur ich selbst werde aufstehen können. Ich kann dann auch anderen helfen, wieder auf die Füße zu kommen.

Es ist ein wunderbarer Psalm. Alle guten und alle schlechten Regungen menschlichen Herzens kommen hier zur Sprache.

4. Sündenbewußtsein und Zeitdimensionen

Die vier Aspekte, von denen die Rede war, haben einerseits mit dem Bewußtsein des Sünders vor Gott zu tun, andererseits mit dem Bewußtsein von Zeit. Die Zeit, die wir oft als den lästigen und schwierigen Augenblick mißverstehen, bekommt Weite, wenn wir uns der Sünden bewußt werden. Die Vergangenheit ist niemals der Vergessenheit anheimgegeben, denn im Hier und Jetzt wird ja die Barmherzigkeit Gottes angerufen. Daraus erwächst Gewißheit für die Zukunft.

Daher ist es auch enttäuschend, daß so viele Menschen vor der sakramentalen Beichte Angst haben. Sie sind nicht bereit, eine Wegkorrektur vorzunehmen. Das bedeutet aber auch Verzicht auf die Weite jenes Geistes, der aus dem Vorgang der Reinigung kommt.

Beichte sollte man nicht als lästige, formale, drückende Pflicht ansehen. Sie hilft uns vielmehr, daß wir uns der zeitlichen Dimensionen unseres Lebens bewußt werden. Alle Traurigkeiten werden dadurch integriert, daß wir sie Gott sagen. So gesehen, ist Beichte ein Stück Befreiung und insofern notwendig. Wer beichtet, sollte dem Psalm folgen und das Lob Gottes an die erste Stelle setzen. Wir sollten Gottes Güte bekennen, die Wundertaten preisen, die er in unserem Leben vollbracht hat. Wenn sich so das Herz öffnet, sagen wir Gott einfach, was wir sind. Vergangenheit und Gegenwart kommen dann ins Spiel. Der Glaube aber richtet sich schon auf die Zukunft, erhofft die Veränderung, die Gott vornimmt: „Erschaffe mir, Gott, ein reines Herz, und gib mir einen neuen, beständigen Geist! Verwirf mich nicht von deinem Angesicht, und nimm deinen heiligen Geist nicht von mir", denn nicht die Größe meiner Reue schafft mich neu, sondern deine Liebe ist es, die mich umgestaltet. Mit solchem Gebet gibt man sich ganz in die Hände des barmherzigen Christus, der uns diese seine Barmherzigkeit eben im Sakrament der Buße zuteil werden läßt.

Die Gleichnisse: Mahnung zur Geduld

Homilie

„Warum hast du, Jesus, in Gleichnissen geredet? Als der Sohn Gottes kennst du doch Gott besser als jeder andere. Du hättest doch ganz direkt von Gott reden können. Warum hast du das nicht getan? Warum hast du uns das Geheimnis Gottes und das Geheimnis des Menschen nicht unverhüllt mitgeteilt?"

Wir lesen das Gleichnis vom Sämann (Mt 13, 1–9). Schon die Evangelisten selbst haben das Problem der Gleichnisse erkannt. Der genannte Text könnte eine Hilfe zur Entschlüsselung sein. Ich möchte besonders den Gedanken herausstellen, daß Jesus wohl in Gleichnissen gesprochen hat, um uns Geduld zu lehren.

Wir sind oft sehr ungeduldig, wenn die Rede vom Geheimnis Gottes ist und vom Geheimnis des Menschen. Wir möchten am liebsten klare Definitionen. Das ist aber letztlich mangelnde Ehrfurcht vor Gott. Sein Geheimnis ist das größte, das es gibt. Aber auch vom Menschen läßt sich nicht reden wie von einem Stein. Selbst einen Stein zu beschreiben (oder einen Baum, oder ein Tier ...), ist nicht einfach. Viel schwieriger ist es noch, einen Mann oder eine Frau zu beschreiben.

Wer das Geheimnis Gottes kennt, der schweigt. So hat es Jesus getan. Die apokryphen Evangelien reden von vielerlei Enthüllungen, die von ihm stammten. Aber in Wirklichkeit hat er über dreißig Jahre hin überhaupt nicht gesprochen! Gottes Geheimnis sollen wir zuerst einmal anbeten, sollen es in Ehrfurcht stehenlassen, sollen schweigen. Auch vor dem Geheimnis des Menschen müssen wir Ehrfurcht haben, denn wir können auch den Menschen immer nur in Annäherungen erkennen.

In seinen Gleichnissen lehrt uns Jesus, daß wir eben von Gott und vom Menschen nur in Annäherungen und durch Vergleiche reden können. Nie gibt er uns genaue Anweisungen und Maßstäbe. Auch in Exerzitien muß uns klar sein: Soviel wir auch über Gott nachdenken, können wir sagen: Das ist Gott, und er ist es auch wieder nicht. So ist es bei den Gleichnissen. Sie zielen etwas an, aber sie erreichen es auch wieder nicht. Das Gleichnis weist uns darauf hin, daß der Geist Gottes in uns ist, jener Geist, der auch in Jesus war, und der in ihm redete.

Der Geist führt uns in das Geheimnis ein. Er wohnt in mir und in denen, die mir zuhören. Er gibt uns das Gespür dafür, was „jenseits" menschlicher Worte ist. Der geringe Effekt der Predigten weist auch darauf hin, daß das Geheimnis Gottes immer größer ist als unser menschliches Reden. Was zählt, ist die Hingabe an den Geist. Die Glaubensworte wird man dann nur als Orientierungshilfe verstehen, als Wegweiser. Natürlich gibt es im Glauben sehr genaue Formulierungen, aber sie erschöpfen niemals die ganze Wirklichkeit. Selbst die vollkommenste aller „Formeln", die Rede vom Vater, vom Sohn und vom Heiligen Geist, bringt doch die ganze Fülle und Bewegung des Geheimnisses nicht zum Ausdruck. Nur der Heilige Geist kann uns erkennen lassen, wie das Geheimnis begriffen werden kann. Er läßt es uns mit Händen berühren. Worte sind, wie gesagt, nur Wegweiser.

Deshalb hat Jesus wohl in Gleichnissen geredet. Er kannte den Vater und wußte deshalb, daß man niemals unvermittelt von ihm reden kann. Man kann ein wenig erspüren, wer er ist, wenn man von den Wirklichkeiten des Lebens ausgeht: Vom Fischfang und von der Landwirtschaft, von der Arbeit, dem Familienleben, von den

Mahlzeiten und vom Fest, von Hochzeiten und vom Er-
lebnis der Freundschaft. Dort kommt überall eine Dyna-
mik zum Ausdruck, die menschliche Erfahrung überbie-
tet und die von Gott her kommt, die seine Gnade ist. Die
Transzendenz wird durch das Gleichnis vermittelt. Sie
selbst ist es, die uns auf sie hin richtet, auf Ursprung und
Ziel von allem.

Wir könnten so zum Herrn, der in Gleichnissen redete,
beten: „Aus der Tiefe rufe ich, Herr, zu dir. Du wohnst
in den Höhen. Befreie mich von banaler und oberflächli-
cher Deutung der Welt! Laß mich, Herr, die Kräfte des
Geistes wahrnehmen, den du wie Samen in diese Welt
hineingesenkt hast! Laß mich Vertrauen in diese Welt
haben, in die große Bewegung, die das Universum durch-
waltet. Durch diese Bewegung hindurch möchte ich dem
Vater, dem Sohn und dem Geist näherkommen und so
die Fülle des Lebens erlangen.

Laß mich erkennen, Herr, was ein Gleichnis ist. Laß
mich in den Gleichnissen des Lebens, der Geschichte,
meines Lebens lesen und so dich sehen, Herr, wie du es
versprochen hast. Laß uns dich erkennen, wie wir von
dir erkannt sind. Laß uns dich nicht verhüllt wahrnehmen und wie in einem Spiegel, sondern direkt und unverhüllt. Laß uns dies alles wahrnehmen mit den Augen
des Glaubens. Laß mich, o Herr, auf das Weizenkorn
schauen, das auf der Erde wohnt und sie verwandelt. Laß
mich auf die Heilige Eucharistie blicken, die der Welt
eingestiftet ist und in den Herzen derer, die sie gläubig
und demütig aufnehmen, hundertfältige Frucht bringt."

David und die Christologie

„Allmächtiger Vater, reich an Gnade und an Barmherzigkeit, wir beten dich an und verherrlichen dich.

Laß uns deinen Sohn Jesus als Messias begreifen, als den Sohn Davids, den Erben seines Thrones, den König der Könige und den Herrn der Herren! So werden wir ihn lieben und als Gott anbeten und ihm als unserem Erlöser folgen können.

Mögen unsere Augen auf ihn gerichtet bleiben, damit wir dich, heiliger und gerechter Vater, verstehen können. Laß uns jene Liebe begreifen, die alle Menschen der Erde umgreift und auch unsere Sendung.

Das erbitten wir, Vater, durch deinen Sohn Jesus Christus in der Einheit des Heiligen Geistes. Amen."

Diese Meditation bedeutet einen Wendepunkt auf unserem Weg der Exerzitien. Wir sind vom Ursprung und Fundament der Geschichte Davids ausgegangen, haben sie als die Heilsgeschichte schlechthin und auch gewissermaßen als unsere eigene Geschichte begriffen. Das geschah in ständigem Bezug auf die Exerzitien, wie sie der heilige Ignatius entfaltet, auf deren *Ursprung und Fundament.* Wir haben die Erste Woche durchschritten, in der wir über Sünde und Umkehr Davids nachdachten. Im Anschluß an die Samuelbücher und an Psalm 51 haben wir über die Unordnung nachgedacht, wie sie in einem jeden von uns faktisch vorhanden ist.

In der Zweiten Woche, wie sie Ignatius konzipiert, blicken wir auf Christus, den Herrscher und König.

Diese Meditation ist im Exerzitienbüchlein allen Meditationen über Abschnitte aus den Evangelien vorgeschaltet.

Um besser verstehen zu können, was es bedeutet, das Leben vom ewigen König zu empfangen, wird die Berufung durch einen irdischen König bedacht. Offensichtlich handelt es sich hier um die Einladung, Jesus nicht nur als Freund und Lehrer anzuerkennen, sondern als den, dem Gott die Herrschaft über die Welt übertragen hat. Er ruft uns, an seiner Sendung, an seinem Leben und Leiden teilzunehmen, damit wir auch mit ihm herrschen können.

Der irdische König ist für uns David. Wir fragen, was christologisch an ihm bedeutsam ist, um von da aus wiederum Jesus als Messias besser zu begreifen. Insgesamt gehen wir dabei in vier Schritten voran.

1. 2 Samuel 7 und Psalm 89

1. Das genannte Kapitel aus dem zweiten Buch Samuel ist sozusagen das Herzstück der Davidsgeschichte, die Wurzel für alle anderen Berichte über ihn. 1 Sam 16 und 17 haben einführenden Charakter: Gott liebt David, so wird uns dort berichtet. Hier ist davon die Rede, daß Gott das Haus Davids errichtet. Wir verstehen, warum die Heilige Schrift den David ständig erwähnt.

Das Kapitel läßt sich in drei klar voneinander abgehobene Teile aufteilen: Zuerst ist ganz kurz (VV. 1–3) vom Vorhaben Davids die Rede, einen Tempel zu errichten. Der Prophet Natan bestärkt den König dabei: „Geh nur und tu alles, was du im Sinn hast, denn der Herr ist mit dir!"

Der zweite Teil (VV. 4–17) enthält eine überraschende Aussage Gottes: „Seit dem Tag, als ich die Israeliten aus Ägypten herausgeführt habe, habe ich bis heute nie in einem Haus gewohnt ..." Man kann aus diesem Wort eine Kritik am Tempel heraushören, wenn und insofern er als der Ort begriffen wird, wo Gott in seiner Größe wohnt. Das Messianische des Textes hat eher zeitliche als räumliche Dimensionen.

Dann folgt die wichtige Anrede Gottes an David und an ganz Israel, wodurch Gott seine Liebe in Erinnerung ruft: „Ich habe dich von der Weide und von der Herde weggeholt, damit du Fürst über mein Volk Israel wirst, und ich bin überall mit dir gewesen, wohin du auch gegangen bist. Ich habe alle deine Feinde vor deinen Augen vernichtet, und ich will dir einen großen Namen machen, der dem Namen der Großen auf der Erde gleich ist. Ich will meinem Volk Israel einen Platz zuweisen und es einpflanzen, damit es an seinem Ort wohnen kann und sich nicht mehr ängstigen muß und schlechte Menschen es nicht mehr unterdrücken wie früher und auch von dem Tag an, an dem ich Richter in meinem Volk Israel eingesetzt habe. Ich verschaffe dir Ruhe vor allen deinen Feinden. Nun verkündet dir der Herr, daß der Herr dir ein Haus bauen wird" (VV. 8–11). Vers 11 enthält die eigentliche Offenbarung: „Nun verkündet dir der Herr, daß der Herr dir ein Haus bauen wird." Das ist eine feierliche Verheißung, die gewissermaßen die Zielsetzung des Alten Bundes zusammenfaßt. Jesaja und Jeremia, Amos, Sacharja und die Psalmen reden davon.

Natürlich geht es nicht um ein Haus im Sinne einer Behausung, sondern um jenes Haus, das durch Nachkommenschaft errichtet wird: „Wenn deine Tage erfüllt sind und du dich zu deinen Vätern legst, werde ich deinen leiblichen Sohn als deinen Nachfolger einsetzen und seinem Königtum Bestand verleihen" (V. 12).

Zur Zeit der Richter wurde die Herrschaft je neu durch den Geist Gottes vergeben. Nun, bei David, ist erstmals von einer festen Nachkommenschaft die Rede.

Vers 14 ist sehr geheimnisvoll. Er ist der Schlüssel für

die gesamte Davidsgeschichte. Wie das gesamte Kapitel 7 jüngeren Datums ist, so ist wahrscheinlich Vers 14 eine Hinzufügung, die sich auf den Nachfolger Davids bezieht: „Ich will für ihn Vater sein, und er wird für mich Sohn sein." Die „Jerusalemer Bibel" merkt hier an, daß es sich, ähnlich wie in Ps 2,7 und in Ps 110,3, um eine Adoptionsformel handelt. Zugleich wird etwas über die messianische Bedeutung des davidischen Königtums ausgesagt: Jeder König aus der Dynastie Davids ist ein (unvollkommenes) Bild des Königs, der da kommen wird.

Der Text fährt fort: „Wenn er sich verfehlt, werde ich ihn nach Menschenart mit Ruten und Schlägen züchtigen. Meine Huld aber soll nicht von ihm weichen, wie sie von Saul gewichen ist, den ich vor deinen Augen verstoßen habe. Dein Haus und dein Königtum soll auf ewig Bestand haben." (VV. 14b–16). Hier sei schon angemerkt, daß diese Worte in der Verkündigung an Maria wieder auftauchen.

Der dritte Teil des Kapitels enthält die Antwort des David. Es handelt sich um ein schönes, langes Gebet, in dem es auch manche Wiederholung gibt. Dadurch wird nur noch deutlicher, wie intensiv Gott sich dem David zugewandt hat.

„Wer bin ich, mein Herr und Gott, und was ist mein Haus, daß du mich bis hierher geführt hast? Weil das in deinen Augen noch zu wenig war, mein Herr und Gott, hast du dem Haus deines Knechtes sogar Zusagen für die ferne Zukunft gemacht ... Was soll David noch weiter zu dir sagen? Du kennst deinen Knecht, mein Herr und mein Gott!" (VV. 18–20)

Mit Vers 25 beginnt das Gebet der Bestätigung bzw. Bekräftigung. Der heilige Ignatius sagt im Exerzitienbüchlein: Ist die Wahl oder Entscheidung einmal getroffen, dann begebe man sich im Gebet vor Gott und bringe ihm diese Wahl und Entscheidung dar, damit er sie annehme und bekräftige (*Zweite Woche*, Nr. 183). „Doch nun, Herr und Gott, verleih dem Wort, das du über deinen Knecht und über sein Haus gesprochen hast, für immer Geltung ... Ja, mein Herr und Gott, du bist der einzige Gott, und deine Worte sind wahr. Du hast deinem Knecht ein solches Glück zugesagt." (VV. 25.18)

Ähnlich sagt Jesus (Joh 17, 17): „Dein Wort ist Wahrheit." Dabei geht es nicht um Theorie, sondern um Gottes konkrete Verheißungen. Wenn Gott etwas verheißt, dann läßt er es auch Wirklichkeit werden.

2. Psalm 89 ist der andere christologische Text. Er ist mehr als fünfhundert Jahre nach der Verheißung an David entstanden. Er faßt das gesamte Kapitel aus dem zweiten Samuelbuch nochmals zusammen. Die Verheißung Gottes bleibt bestehen, obwohl sich Israel in einem besonders dunklen Moment seiner Geschichte befindet. Es gibt weder König noch Tempel noch Priester, all das ist verschwunden.

Der Psalmist bedenkt das alles im Licht der Worte, die Gott einmal zu David gesprochen hat. In einem großartigen Glaubensakt wird gesagt: „Deine Verheißungen haben Bestand, auch wenn wir nicht wissen, wie das zu begreifen ist."

Die Überschrift dieses Psalmes lautet: „Ein Weisheitslied Etans, des Esrachiters". Danach folgt eine Art Präludium: „Von den Taten deiner Huld, Herr, will ich ewig singen, bis zum fernsten Geschlecht laut deine Treue verkünden" (VV. 2–3).

Dann wird die Davidsverheißung in Erinnerung gebracht: „Ich habe einen Bund geschlossen mit meinem Erwählten und David, meinem Knecht, geschworen: Deinem Haus gebe ich auf ewig Bestand, und von Geschlecht zu Geschlecht richte ich deinen Thron auf": Was folgt, ist ein langer Hymnus an Gott, den Schöpfer (VV. 16–19). Manche Exegeten sind der Ansicht, dieser Teil stehe nicht an den Platz, für den er ursprünglich gedacht war. Ich bin der Meinung, daß dies doch der Fall ist. Es soll wohl zum Ausdruck gebracht werden, daß Sicherheit und Gewißheit der Davidsverheißung eben von jenem Gott gewährleistet sind, der die Himmel geschaffen hat.

In Vers 20 wird die messianische Verheißung wiederaufgenommen: „Einst hast du in einer Vision zu deinen Frommen gesprochen: Einen Helden habe ich zum König gekrönt, einen jungen Mann aus dem Volk erhöht. Ich habe David, meinen Knecht, gefunden, und ihn mit heiligem Öl gesalbt. Beständig wird meine Hand ihn halten und mein Arm ihn stärken … Er wird zu mir rufen: Mein Vater bist du, mein Gott, der Fels meines Heils … Auf ewig werde ich ihm meine Huld bewahren, mein Bund mit ihm bleibt allzeit bestehen. Sein Geschlecht soll bleiben auf ewig, sein Thron habe Bestand vor mir wie die Sonne. Er soll ewig bestehen wie der Mond, der verläßliche Zeuge über den Wolken" (aus VV. 20–38).

Hier erhebt sich die Frage: Warum sind die Verheißungen nicht erfüllt? Warum die Demütigung des Volkes Israel? „Nun aber hast du deinen Gesalbten verstoßen, ihn verworfen und mit Zorn überschüttet, hast du den Bund mit deinem Knecht zerbrochen, zu Boden getreten seine Krone. Eingerissen hast du all seine Mauern, in Trümmer gelegt seine Burgen. Alle, die des Weges kommen, plündern ihn aus, er wird zum Gespött seiner Nachbarn. Du hast die Hand seiner Bedränger hoch erhoben, hast alle seine Feinde erfreut" (VV. 39–42).

Das Volk wird auf eine schwere Probe gestellt. Mit dramatischen Worten wird das beschrieben. Interessant ist, daß biblischer Glaube nicht zögert, Gott selbst anzuklagen und mit ihm zu ringen, so wie Jakob mit Gott gerungen hat. Wir sind zu solchem Verhalten kaum imstande – vielleicht deshalb, weil wir kaum zu einer Totalhingabe an Gott in der Lage sind, die es dann möglich macht, gegen ihn Anklagen zu erheben. Das andere ist typisch für die israelitische Tradition.

Die Bitten finden keine Erhörung. „Wie lange noch, Herr? Verbirgst du dich ewig? Soll dein Zorn wie Feuer brennen? Bedenke, Herr: Was ist unser Leben, wie vergänglich hast du alle Menschen erschaffen ... Herr, wo sind die Taten deiner Huld geblieben, die du David in deiner Treue geschworen hast? Herr, denke an die Schmach deines Knechtes! Im Herzen brennt mir der Hohn der Völker, mit dem mich deine Feinde schmähen, Herr, und die Schritte deines Gesalbten verhöhnen" (VV. 47–52).

Somit endet der Psalm mit einem dunklen Ton. Jedoch folgt noch ein Satz, der aber nicht eigentlich zu Psalm 89 gehört, sondern das dritte Psalmenbuch abschließt: „Gepriesen sei der Herr in Ewigkeit! Amen, ja, amen!" Jedoch ist es sehr passend, daß diese Worte sich hier befinden, denn so wird etwas von jüdischer Frömmigkeit deutlich. Auch wenn sich alles dunkel darstellt, muß man doch sagen: „Gepriesen sei der Herr in Ewigkeit!"

2. David und die Messiasverheißung: Das Neue Testament

Wie lebt die Verheißung an David im Neuen Testament fort? Es gibt ja kein Reich Israel mehr, das Volk ist gedemütigt, unterdrückt. Das Neue Testament nennt David mindestens neunundfünfzig Mal. Nur einige Stellen seien hier in Erinnerung gerufen.

– *Lk 1,32–33.* Der Engel Gabriel sagt zu Maria über das Kind, das sie empfangen wird: „Er wird groß sein und Sohn des Höchsten genannt werden. Gott, der Herr, wird ihm den Thron seines Vaters David geben. Er wird über das Haus Jakob in Ewigkeit herrschen, und seine Herrschaft wird kein Ende haben." In Jesus werden die Verheißungen erfüllt. Die Worte des Engels knüpfen an Psalm 89 an.

– *Lk 1, 68–70.* Zacharias nimmt das Thema auf, ohne von der Verkündigung an Maria zu wissen. In den kleinen Ereignissen seines Familienlebens sieht er ein Zeichen dafür, daß Gott zu seinen Verheißungen steht: „Gepriesen sei der Herr, der Gott Israels! Denn er hat sein Volk besucht und ihm Erlösung geschaffen; er hat uns einen starken Retter erweckt im Hause seines Knechtes David. So hat er verheißen von alters her durch den Mund seiner heiligen Propheten." Gott hat das verheißen, daß er dem David ein Haus errichten wird. In diesem Haus wird nun Gottes Heil gegenwärtig.

– *Mk 10, 47–48.* Das Evangelium bezeugt, daß auch die einfachen, armen Leute an die Davidsverheißungen glauben. Sie setzen ihre Hoffnung auf Menschen, die nach ihrer Meinung Träger jener Verheißung sein könnten. Markus erzählt, wie Jesus nach Jerusalem hinaufzieht. Bei Jericho trifft er einen blinden Bettler, den Batimäus, der an der Straße sitzt. Sobald dieser hört, daß es Jesus von Nazareth ist, der vorüberzieht, ruft er laut: „Sohn Davids, Jesus, hab Erbarmen mit mir!"

– *Mk 12, 35–36.* Jesus bestätigt selber seine Verbindung mit David. „Als Jesus im Tempel lehrte, sagte er: Wie können die Schriftgelehrten behaupten, der Messias sei der Sohn Davids? Denn David hat, vom Heiligen Geist erfüllt, selbst gesagt: Der Herr sprach zu meinem Herrn: Setze dich mir zur Rechten, und ich lege dir deine Feinde unter die Füße. David selbst also nennt ihn ‚Herr'. Wie kann er dann Davids Sohn sein?" Hier wird also die davidische Abstammung des Messias nicht geleugnet, sondern in ihrer Tiefe erklärt: Der Messias ist „Sohn", aber in einer viel intensiveren Weise als David. Es handelt sich hier im übrigen um eine Aussage, die zu neutestamentlicher Zeit nicht nur zwischen Juden und Christen zur Debatte stand, sondern unter den Christen selber diskutiert wurde: Wie ist die messianische Herkunft des Messias zu verstehen?

– *Mk 11, 9–10.* Die Leute, die vor ihm hergingen und die ihm folgten, riefen: „Hosanna! Gesegnet sei er, der kommt im Namen des Herrn! Gesegnet sei das Reich unseres Vaters David, das nun kommt. Hosanna in der Höhe!" Das Reich des Vaters David kommt in Jesus. Es trägt alle Hoffnungsmerkmale in sich, die man nie vergessen hatte.

– *Apg 13, 22–23.32–34.* Hier sei noch an einen Text außerhalb der Evangelien erinnert, damit man erkennen kann, wie die Auslegung später weitergeht. Paulus predigt in Antiochia, er erinnert dort an die großen Taten, die Gott an seinem Volk vollbracht hat. An die Zeit der Richter erinnert er, an den Propheten Samuel und an den König Saul. Er sagt: „Nachdem er ihn (Saul) verworfen hatte, erhob er David zu ihrem König, von dem er bezeugte: Ich habe David, den Sohn des Isai, als einen Mann nach meinem Herzen gefunden, der alles, was ich will, vollbringen wird. Aus seinem Geschlecht hat Gott dem Volk Israel, der Verheißung gemäß, Jesus als Retter geschickt ... So verkündigen wir euch das Evangelium: Gott hat die Verheißung, die an die Väter ergangen ist, an uns, ihren Kindern, erfüllt, indem er Jesus auferweckt hat ... Daß er ihn aber von den Toten auferweckt hat, um ihn nicht mehr zur Verwesung zurückkehren zu lassen, hat er so ausgedrückt: Ich will euch die Heilsgaben gewähren, die ich David fest zugesagt habe." Bisher haben wir nicht gewußt, will Paulus sagen, wie sich wohl Gottes Verheißungen an David erfüllen würden. Nun wissen wir um ihre Verwirklichung in Christi Auferstehung.

3. Davids Bedeutung für uns

Zunächst mag es den Anschein haben, als habe David wohl für die Juden einige Bedeutung, an die ja die Verheißung ergangen war. Für uns aber, die wir an Jesus als den *Sohn Gottes* glauben, hätte die Vergangenheit keine Bedeutung mehr. Die Davidsgeschichte mag ja schön und interessant sein – wir wissen, daß der Messias, der Christus, den Namen Jesus trägt. Damit aber verschwindet aus unserem Bewußtsein die historische Dimension der Messianität Jesu. Der Messias hat eine ganz bestimmte Sendung in der Geschichte, er ist Haupt einer neuen Menschheit.

Ich bin aber auch der Ansicht, daß wir in uns viel mehr „messianische Gedanken" pflegen, als wir uns aufs erste eingestehen. Solche messianischen Ideen verbinden wir mit Wirklichkeiten wie Fortschritt, Entwicklung, Gerechtigkeit, Freiheit und Demokratie. Das alles sind für uns freimachende und damit messianische Kräfte, die uns vielleicht ein wenig den Blick auf den wahren Messias verstellen. Vor allem glauben wir – ganz im Sinne der Messiasidee, wie sie geschichtlich Wirklichkeit geworden ist – an ein Fortschreiten der Menschheit auf ein hohes, erhabenes Ziel hin. Jedoch haben wir die verschiedenen Messiasvorstellungen von Jesus losgelöst. Er ist für uns Gott. Die anderen Wirklichkeiten gehen nur uns Menschen an. Oder auch umgekehrt: Jesus ist lediglich Befreier mit politischen Zielsetzungen. So hinkt unsere Christologie also nach zwei Seiten. David muß uns immer wieder an den rechten Mittelweg erinnern.

Unter Umständen interessiert uns David so wenig, weil uns Jesus (als Christus!) so wenig interessiert. Wenn wir uns doch auch Kinder Abrahams nennen, müssen wir Träger der Hoffnungen Davids und Abrahams sein, die sich darauf konzentrieren, daß der Messias Haupt eines neuen, geschichtlich greifbaren Volkes ist. Wir haben keine rechte Beziehung zu David, weil wir keine rechte Beziehung zur unverkürzten Wirklichkeit Jesu haben.

Die Davidsherkunft des Messias macht uns deutlich, daß sich dieser in einer konkreten familiären Nachkommenschaft befindet. Jesus faßt alle Messianismen in sich zusammen, nimmt sie hinein in die Dimensionen Gottes. Gott teilt sich ganz dem Menschen mit, um den vollkommenen Menschen Wirklichkeit werden zu lassen. Er ist Hoffnung und Mittelpunkt der Menschheitsgeschichte, ist Zusammenfassung aller rechten menschlichen Wünsche und Bemühungen. Um zu verstehen, was hier „recht" meint, müssen wir uns am Leben Jesu, des Sohnes Gottes, orientieren. Dann wird unsere Christologie weder ideologisch sein noch rationalistisch oder humanistisch, wie wir das heute ja oft finden, sondern wirklich biblisch.

4. Auf Jesus blicken

Der *Hebräerbrief* hilft uns in ganz besonderer Weise zum Verstehen dessen, was das Messiassein Jesu bedeutet, und was es für sein Volk und für die Menschheit bedeutet. Nachdem von den Vätern im Glauben von Abraham über Mose und die Richter bis hin zu David die Rede war, heißt es: „Da uns eine solche Wolke von Zeugen umgibt, wollen wir alle Last und Fesseln der Sünde abwerfen. Laßt uns mit Ausdauer in dem Wettkampf laufen, der uns aufgetragen ist, und dabei auf Jesus blicken, den Urheber und Vollender des Glaubens. Er hat angesichts der vor ihm liegenden Freude das Kreuz auf sich genommen, ohne auf die Schande zu achten, und sich zur Rechten von Gottes Thron gesetzt" (12, 1–2).

Hier ist von einer *Wolke* von Zeugen die Rede, wodurch uns in Erinnerung gerufen wird, daß wir auf unserem Weg nicht allein sind. Ein ganzes Volk steht uns zur Seite und hilft uns. Wie die Glieder dieses Volkes, so sollen auch wir „alle Last und Fesseln der Sünde abwerfen", sollen „mit Ausdauer in dem Wettkampf laufen".

Der heilige Ignatius läßt den König, der uns ruft, so sagen: „Wer mit mir kommen will, hat mit der gleichen Speise zufrieden zu sein, wie ich sie habe, ebenso mit Trank und Kleidung ... Gleichfalls hat er wie ich bei Tag sich anzustrengen und bei Nacht zu wachen ..." Schließlich sollen wir „auf den Urheber und Vollender des Glaubens blicken".

Der Bezug auf die vorangegangenen Verse (11, 39 f) ist klar: „Doch sie alle, die aufgrund des Glaubens (von Gott) besonders anerkannt wurden, haben das Verheißene nicht erlangt, weil Gott erst für uns etwas Besseres vorgesehen hatte, denn sie sollten nicht ohne uns vollendet werden ..." Jesus geht seinem Volk auf dem Glaubensweg voran, auf jenem Weg, der bei Abraham beginnt und seinen Höhepunkt in Kreuz und Auferstehung hat. Bei ihm laufen sozusagen alle Glaubenswege zusammen, von denen unsere Vorfahren Zeugnis ablegen.

Wie ist es zu verstehen, daß Jesus den Glauben des Alten Testamentes vollendet?

– Er macht uns von der Sünde Davids frei. Er befreit uns von sozialer Schuld und von allen Ungerechtigkeiten.
– Er führt die guten Seiten des David zur Vollendung, der ja auch unerschütterlicher Glaubenszeuge war.
– Er lehrt sein Volk, sich in allen Prüfungen zu bewähren, so wie sich David bewährt hat.
– Er vollendet, was David erhofft: Frieden, das Reich Gottes.

Die folgenden Meditationen möchten sich an dem Programm des Hebräerbriefes orientieren. Wir haben erkannt, wie wir von den Unordnungen in uns befreit werden. Von da ist es ein folgerichtiger Schritt, auf Jesus zu blicken, den Davidssohn, den Heiland der Menschheit. Grundsätzlich sollten wir uns fragen: Lieben wir Jesus als den Christus, das heißt, als den Messias? „Hilf uns erkennen, Herr, was du für dein messianisches Volk bist, das Volk aus der Verheißung, Wirklichkeit geworden durch Kreuz und Auferstehung.

Maria, du Tochter Davids, Tochter Sion, wir möchten die ganze Heilsgeschichte, wie sie in der Bibel berichtet ist, hineinnehmen in unseren Glauben. Hilf du uns dabei! Laß uns das Alte Testament recht verstehen, nicht als ein beliebiges und ,vorläufiges' Buch, sondern etwas, das so wichtig für uns ist, daß wir nur mit ihm und aus ihm heraus die Fülle ganz begreifen können, die in Jesus Christus, unserem Herrn, dem Sohn Gottes, geoffenbart wurde."

Die Unerschrockenheit Davids –
Jesu Unerschrockenheit

„Gott, unser Vater! Hilf uns, deinen Sohn, den Heiland
der Welt, den Herrn und das Ziel der Geschichte, zu erkennen. Laß uns ihn so erkennen, wie er uns kennt, ihn
so lieben, wie er uns liebt. Alle Tage unseres Lebens wollen wir auf ihn blicken. Gewähre uns, an der Erkenntnis
teilzuhaben, die er von dir hat. Darum bitten wir durch
ihn, unseren Herrn Jesus Christus, in der Gemeinschaft
des Heiligen Geistes. Amen."

Der heilige Ignatius regt uns dazu an, in der Zweiten
Woche auf irdische Könige zu schauen, um so besser zu
erkennen, was es um das Leben des ewigen Königs auf
sich hat, des Erlösers Jesus Christus. Der Reichtum dessen, was Jesus Christus ist, ist unermeßlich. So will uns
Ignatius auch nicht das ganze Spektrum bieten, sondern
vor allem Weg und *Methode* lehren, wie man es macht,
sich in das Geheimnis Christi, des Erlösers der Menschheit zu versenken (vgl. Nr. 162). Um diesen Weg können
wir uns dann das ganze Jahr über bemühen.

Die Methode, die ich im Anschluß daran entwickle,
besteht aus drei Schritten: *Lesung – Meditation – Kon-
templation.* Was die beiden ersten Schritte angeht, so beziehen sie sich auf einen Text, der mit David zu tun hat.
Mit dem dritten Schritt gehen wir auf das Leben Jesu zu.
Letztlich hat alles Beten die Anbetung Jesu zum Ziel,
dessen Gottheit in der Menschheit aufleuchtet.

1. Lesung: 1 Sam 17, 1–54

David ist ein äußerst unerschrockener Mensch. Das wird in der Bibel vielfach bezeugt. Wahrscheinlich denkt man zuerst an die Geschichte seines Kampfes mit Goliat. Auch wer nur wenig in der Heiligen Schrift liest, kennt doch diese berühmte Geschichte. Unter historischen Gesichtspunkten trägt der Bericht allerdings nicht allzu viel aus, denn es handelt sich hier um ein spätes Traditionsstück. Im zweiten Samuelbuch wird der Sieg über Goliat einem der Krieger Davids zugeschrieben: „Als es wieder einmal bei Gob zum Kampf gegen die Philister kam, erschlug Elhanan, der Sohn Jairs aus Bethlehem, den Goliat aus Gad, dessen Speer einem Weberbaum glich" (2 Sam 21, 19). Vielleicht werden hier einfach Fakten verwechselt. Vielleicht hat David noch einen anderen, ebenso furchterregenden und berühmten Philister erschlagen, dem man später ebenfalls den Namen Goliat zugeschrieben hat.

Auf jeden Fall zeigt die Begebenheit die Unerschrokkenheit des David an. Die Tatsache, daß sie im *ersten Samuelbuch* berichtet wird, und zwar in langer und ausgeschmückter Form, zeigt an, daß ihr ein hoher Symbolwert zugeschrieben wird. Sie mag in ihrer jetzigen Gestalt weit den Quellen entfernt sein; um so näher ist sie der theologischen Absicht ihres Verfassers. Die Kirchenväter haben sie in breiter Form kommentiert. Dabei war ihnen die symbolische Bezugnahme wichtig: Der Kampf gegen den Gegner als Kampf gegen den Bösen Feind, der gegen die Menschheit aufsteht; Standhalten in Versuchungen usw. Es liegt auf der gleichen Ebene, wenn der heilige Ignatius vom Gegner und seinen Listen redet, wenn er gleichsam das Leben des Menschen belagert bzw. zum Angriff aufsteht.

1. Zuerst wird *die Situation im Feldlager* beschrieben (VV. 1–3). Dieser Abschnitt ist ein hervorragendes Bei-

spiel für biblische Erzählkunst. Wie in einem Film bekommt man zuerst das Ganze in den Blick, es folgen dann Szeneneinstellungen. „Die Philister zogen ihre Truppen zum Kampf zusammen. Sie versammelten sich bei Socho, das zu Juda gehört, und schlugen zwischen Socho und Aseka in Efes-Dammim ihr Lager auf. Auch Saul und die Männer Israels sammelten sich; sie schlugen ihr Lager im Terebinthenthal auf und traten zum Kampf gegen die Philister an. Die Philister standen an dem Berg auf der einen Seite, die Israeliten auf der anderen Seite; zwischen ihnen lag das Tal." Noch tritt keine Einzelgestalt hervor.

Doch ab Vers 4 erfolgt die *Beschreibung des Kämpfers.* Ganz allmählich, Schritt für Schritt wird sie vorgenommen. Zuerst einmal wird sein Name genannt – Goliat –, dann wird seine Figur beschrieben, danach sein Helm und sein Panzer. Er trägt bronzene Schienen an den Beinen, die Spitze seines Speeres wiegt sechshundert Schekel. Sein Schildträger geht vor ihm her. Man hat ihn förmlich vor sich und – empfindet Schrecken. Es handelt sich offensichtlich um einen ganz starken Mann, um einen Riesen gar.

In den Versen 8–11 wird die Herausforderung geschildert. Goliat tritt vor und fordert hochmütig die Israeliten heraus: „Warum seid ihr ausgezogen und habt euch zum Kampf aufgestellt? Bin ich nicht ein Philister, und seid ihr nicht die Knechte Sauls? Wählt euch doch einen Mann aus! Er soll zu mir herunterkommen!" Vers 11 ist deshalb wichtig, weil er den ganzen Eindruck der Worte des Goliat auf Saul und die Israeliten zusammenfaßt: „Als Saul und ganz Israel diese Worte des Philisters hörten, erschraken sie und hatten große Angst."

2. Der zweite Teil (VV. 12–39) erzählt die *Ankunft Davids im Lager.* Auch er wird Zug um Zug beschrieben. Es handelt sich um einen einfachen jungen Mann aus Bethlehem (seine Salbung durch Samuel, seine Berufung

durch Gott werden nicht berichtet). Normalerweise hütet David die Schafe seines Vaters. David soll ihnen geröstetes Korn und zehn Brote bringen. Auch zehn Stück Käse sind ihm übergeben worden. Es handelt sich um eine friedvolle Szene, die im Gegensatz zur Beschreibung des Goliat und seiner Kraft steht.

Ab Vers 23 verbindet sich die Geschichte des Philisters mit der des jungen Hirten, denn David hat sich inzwischen informiert und hört die Schmähungen Goliats. Sein Bruder Eliab ist zornig über die Nachfragen seines Bruders, er tadelt ihn. David aber gibt sich keineswegs geschlagen, sondern beschließt, die Herausforderung anzunehmen. Er sagt zu Saul: „Niemand soll wegen des Philisters den Mut sinken lassen. Dein Knecht wird hingehen und mit diesem Philister kämpfen" (V. 32). Der Gegensatz zwischen diesem Erbieten des jungen Mannes und der Angst der Israeliten kann kaum stärker hervortreten.

Der König möchte das Angebot nicht annehmen. David aber läßt nicht locker, erzählt, was er schon als Kind mit Löwen und Bären getan hat. Dem Philister wird es nach seiner Meinung genauso ergehen, „weil er die Schlachtreihen des lebendigen Gottes verhöhnt hat" (V. 36). Sehr eindrucksvoll ist Vers 37: „Und David sagte weiter: Der Herr, der mich aus der Gewalt des Löwen und des Bären gerettet hat, wird mich auch aus der Gewalt dieses Philisters retten. Da antwortete Saul David: Geh, der Herr sei mit dir!" Die folgenden Verse scheinen das gesamte Unternehmen wieder ins Wanken zu bringen. „Saul zog David seine Rüstung an; er setzte ihm einen bronzenen Helm auf den Kopf und legte ihm seinen Panzer an, und über der Rüstung hängte er ihm sein Schwert um. David versuchte in der Rüstung zu gehen, aber er war es nicht gewohnt. Darum sagte er zu Saul: Ich kann in diesen Sachen nicht gehen, ich bin nicht daran gewöhnt. Und er legte sie wieder ab" (VV. 38–39).

99

3. Im dritten Teil (VV. 40–54) ist vom *Kampf* die Rede. David bereitet sich mit dem wenigen vor, das er hat: der Stock, die fünf glatten Steine, die er in die Hirtentasche legt. So geht er auf den Philister zu.

Die Verse 41–47 sind Bericht über die zunächst verbale Konfrontation.

„Der Philister kam immer näher an David heran; sein Schildträger schritt vor ihm her. Voll Verachtung blickte der Philister David an, als er ihn sah; denn David war noch sehr jung, er war blond und von schöner Gestalt. Der Philister sagte zu David: Bin ich denn ein Hund, daß du mit einem Stock zu mir kommst? Und er verfluchte David bei seinen Göttern. Er rief David zu: Komm nur her zu mir, ich werde dein Fleisch den Vögeln des Himmels und den wilden Tieren zum Fraß geben. David antwortete dem Philister: Du kommst zu mir mit Schwert, Speer und Sichelschwert, ich aber komme zu dir im Namen des Herrn der Heere, des Gottes der Schlachtreihen Israels, den du verhöhnt hast. Heute wird dich der Herr mir ausliefern. Ich werde dich erschlagen und dir den Kopf abhauen. Die Leichen des Heeres der Philister werde ich noch heute den Vögeln des Himmels und den wilden Tieren zum Fraß geben. Alle Welt soll erkennen, daß Israel einen Gott hat. Auch alle, die hier versammelt sind, sollen erkennen, daß der Herr nicht durch Schwert und Speer Rettung verschafft; denn es ist ein Krieg des Herrn, und er wird euch in unsere Gewalt geben." Solche verbalen Auseinandersetzungen – mit allen möglichen Beschimpfungen – sind typisch für die Welt des Alten Testamentes.

Von Vers 48 bis Vers 51 schreitet die Handlung sehr rasch voran. Der Kampf selbst wird mit wenigen Worten beschrieben. David schleudert einen Stein gegen Goliat. Dieser wird an der Stirn verletzt, er ist geschlagen. Als die Philister sehen, daß ihr starker Mann stirbt, fliehen sie.

VV. 52–54 ist gewissermaßen der Schlußbericht. Die Israeliten fassen neuen Mut, verfolgen die Feinde und erringen einen großartigen Sieg. David bringt den Kopf Goliats nach Jerusalem.

2. Meditation

Welche Grundgedanken sind im biblischen Text enthalten? Welche Einstellungen und Gefühle werden besonders akzentuiert? Welche Botschaft enthält der Text für uns hier und heute? Ich möchte zwei Perspektiven besonders herausstellen:

1. Da ist einmal die *irrationale Furcht,* die den König von Israel und mit ihm das gesamte Volk ergreift. Sie steht in keinem rechten Verhältnis zur Bedrohung. Der Goliat war ein großer, starker Mann, aber wie hätte er ein ganzes Heer besiegen können? David wird ihn sofort mit einem kleinen Stein töten, vielleicht deshalb, weil der Philister in seinen Bewegungen nicht so geschmeidig war. Die Bibel setzt Bezüge von symbolischen Wert: Der *große* König Saul mit seinem ganzen Heer bekommt Angst – ein ganz *kleiner* Stein genügt, ihn zu töten. Somit ist die Furcht Israels eigentlich irrational und unbegründet. Sie lähmt ohne recht ersichtlichen Grund das gesamte Lager der Israeliten. Die Heilige Schrift stellt das Absurde dieser Furcht auch dadurch heraus, daß sie berichtet, wie Israel wieder Mut schöpft und den Feind besiegt. Vorher hätte man den Sieg schon erringen können, hätte man sich nicht von der irrationalen Furcht unterkriegen lassen!

Die Tradition geistlichen Lebens stellt den Bericht in noch andere Zusammenhänge. Der böse Feind, der den Menschen angreift, versetzt ihn durch geringe Dinge in Schrecken. Unbegründete Ängste nehmen uns in Be-

schlag. Dies ist eine sehr wichtige Aussage des Textes,
denn sowohl als Einzelchristen als auch als Gemeinschaft, als Kirche, erleben wir ja oft, wie uns die Furcht
gefangenhält.

Der heilige Ignatius merkt an, daß der Böse gerne zu
diesen Waffen greift (Furcht, Resignation, Enttäuschung), weil er nichts anderes in Händen hat. Nach
Nr. 140 des Exerzitienbüchleins soll man sich den Bösen
„als Anführer aller Feinde in dem großen Heerlager von
Babylon vorstellen, wie er sich auf einen großmächtigen
Thron aus Feuer und Rauch hinsetzt, in einer Gestalt
von Schauder und Schrecken". Der böse Feind will also
dadurch zum Zuge kommen, daß er Furcht einflößt und
Schrecken verbreitet. Auch in Nr. 325 der geistlichen
Übungen – es geht hier um die Regeln zur Unterscheidung der Geister – wird zum Ausdruck gebracht, wie der
Böse gerne stark erscheinen möchte. Wenn der Mensch
nun weicht und die Flucht ergreift, ist er dem Zorn und
der Wildheit des Teufels wehrlos ausgesetzt. Zeigt der
Mensch hingegen eine starke Stirn gegen solche Versuchungen, dann vermag er den Versuchungen zu wider-
stehen. Tut man also das Gegenteil von dem, was der
Böse eigentlich erwartet, dann hat man den Sieg schon
errungen.

Goliat hatte den König und das Heer der Israeliten
durch Einflößen von Schrecken in Schach gehalten. Als
der kleine Stein ihn niedergestreckt hat, endet dieser
Bann; alle fassen wieder Mut.

Vor solchem Hintergrund sollten wir uns selber erfor-
schen: Warum beklagt man sich in christlichen Kommu-
nitäten über schlechthin alles? Warum sucht man
immer wieder nach Gründen und Anlässen für solche
Klagen? Wenn uns immer wieder nur das auffällt, was
nicht in Ordnung ist, dann könnte dies ein Hinweis darauf sein, daß wir schon ein wenig Opfer jener bösen
Macht sind, die Mißtrauen ausstreut und Unordnung

schafft. Wo hingegen in einer Kommunität Freude herrscht über eine kleine Gabe Gottes, dort ist man in der Regel auch in der Lage, Situationen klar und einigermaßen objektiv zu erkennen und einzuordnen. Genaugenommen, gibt es keinen hinreichenden Grund zum Jammern und zum Klagen. Mit den Augen des Glaubens nehmen wir uns so an, wie wir nun einmal sind. Im Glauben vertrauen wir auf Gott, denn wir wissen, daß er uns gibt, was wir brauchen.

2. Es gibt noch eine andere wichtige Lehre der Erzählung. Sie stellt einen klaren Gegensatz zwischen der *politischen Klugheit Sauls* und dem *theologischen Mut Davids* heraus. Saul möchte sehr weise sein. Aus dieser Einstellung heraus nimmt er dem David den Mut: „Du kannst nicht zu diesem Philister hingehen, um mit ihm zu kämpfen. Du bist zu jung, er aber ist ein Krieger seit seiner Jugend" (V. 33). Jedoch lag er mit seiner Klugheit falsch. Gott lacht über die sogenannte politische Klugheit, die sich ein Saul zu eigen macht. David hingegen reagiert mit einer Art von theologischem Mut: „Dein Knecht hat den Löwen und den Bären erschlagen, und diesem unbeschnittenen Philister soll es genauso ergehen wie ihnen, weil er die Schlachtreihen des lebendigen Gottes verhöhnt hat." Weiter sagt David: „Der Herr, der mich aus der Gewalt des Löwen und des Bären gerettet hat, wird mich auch aus der Gewalt dieses Philisters retten" (V. 36 f).

Ganz klar also werden diese beiden Verhaltensweisen gegenübergestellt. Auch David hat seine Gründe für seinen Mut. Wie er sich verhält, ist weder dumm noch irrational. Diese Gründe schließen auch ein bestimmtes Risiko ein. Es wird nicht gesagt, daß er von sich aus in der Lage ist, einen Krieger mit Panzer, Helm und Speer zu erschlagen, so, wie er einmal Löwen und Bären erschlagen hat. Vielmehr vertraut er auf Gott, der sich schon einmal für ihn eingesetzt hat. Diesem Gott muß er sich jetzt anvertrauen.

Das tut er denn auch ohne jedes Zaudern, vertraut auf das, was er hat, auf den Stock, die Steine und auf die Hirtentasche. Und auf das Wort Gottes. Saul, der zuerst den David von seinem Vorhaben abbringen will, stellt sich nun nicht mehr in den Weg, ohne freilich recht zu verstehen, daß David aus Gottvertrauen heraus handelt. Der König denkt in ganz und gar menschlichen Kategorien. Er legt dem David eine Kriegsrüstung an. Wahrscheinlich versteht er auch nicht, warum sich David dieser entledigt und nur mit Steinen und Schleuder loszieht.

Auch in der Geschichte der Kirche begegnen wir immer jenem Gegensatz zwischen theologischem Mut und politischer Klugheit. Die Klugheit gebietet uns, genau und sorgfältig auf die Umstände und auf die Details der jeweiligen Situation zu achten; darauf, was die anderen sagen könnten; wie sie unser Reden und unser Tun deuten könnten. Wir sollten uns selber immer wieder fragen, ob das, was wir tun, aus mutiger und entschlossener Einstellung kommt, die aus geistlichen und theologischen Quellen kommt, oder ob unser Mut mehr politischer Art ist, und somit ohne Bereitschaft zum Risiko. Diese beiden Einstellungen sind nicht so beschaffen, daß sie sich ganz und gar ausschließen würden. Wenn sich die Kirche lediglich von politischer Klugheit inspirieren läßt, dann tritt sie auf der Stelle und verteidigt sich nur noch. Hätte David nicht eingegriffen, dann wären die Leute Sauls angesichts der Feinde wie gelähmt geblieben. David geht gegen die Unbeweglichkeit an. Er stellt sich über menschliches Kalkül, verachtet irrationale Furcht im Glauben und im Wissen, daß der Herr alles vermag. Er drängt sich nicht an die Stelle und auf den Posten von Saul. Saul muß jedoch dem David ein Stück weit entgegenkommen, wenn er nicht ganz und gar unbeweglich bleiben will.

Natürlich wird jeder, der diese Geschichte meditiert, aus ihr auch noch Lehren für sich ganz persönlich entnehmen können.

3. Kontemplation: Jesu Unerschrockenheit

Man kann auch im Blick auf Jesus fragen: Wann hat er sich unerschrocken gezeigt? Wann hat er dem bösen Feind Widerstand entgegengebracht? Vier Situationen können uns helfen, die rechten Antworten zu finden.

1. *Mk 1, 12–13.* David beginnt seinen Weg damit, daß er den Goliat besiegt. Jesus kämpft gegen den Satan an, der ihn in Versuchung führt. Im Vergleich zu den anderen Synoptikern beschreibt Markus das Geschehen nur ganz kurz. Jesus läßt sich von Johannes dem Täufer im Jordan taufen. Er sieht, wie der Heilige Geist auf ihn herabsteigt. „Danach trieb der Geist Jesus in die Wüste. Dort blieb Jesus vierzig Tage lang und wurde vom Satan in Versuchung geführt. Er lebte bei den wilden Tieren, und die Engel dienten ihm."

Der König der Ewigkeit hat also gegen den großen Feind des Menschen gekämpft, gegen ihn, der gegen den Menschen angeht und ihn zu erdrücken sucht. Das öffentliche Leben Jesu beginnt mit diesem Kampf. Damit soll zum Ausdruck gebracht werden, wie konfliktgeladen sein Mesiastum ist. Jesus ist ein Messias, der kämpft. Wie David ist er selber ein Kämpfer. Wenn die Kirche das vergißt, wird sie sich von Problemen und Schwierigkeiten immer wieder unvermittelt treffen lassen. Sie wird immer wieder fragen, welche Fortschritte sie denn nun eigentlich macht, statt sich ihrer Auseinandersetzung mit dem bösen Feind zu besinnen. Das Leben der Kirche hat mit einem täglichen Kampf zwischen Gut und Böse, zwischen Dunkel und Licht, zwischen Christus und Satan zu tun.

2. *Mk 5, 1–20.* Jesus ist dem bösen Feind unmittelbar begegnet. Danach begegnet er ihm noch in verhüllter und maskierter Form, verhüllt unter verschiedenen Situationen. Ein besonders gutes Beispiel dafür ist seine Unerschrockenheit angesichts der Dämonen, die den Besessenen von Gerasa gefangen halten. Jesus sagt: „Verlaß diesen Mann, du unreiner Geist!" (V. 8) Jedoch der Dämon fährt nicht aus, vielmehr kommt es zu einem Gespräch.

Jesus bekämpft in uns all das, was wir selber nicht zu überwinden imstande sind: Angst, Verwirrung, Nervosität. Er möchte Ordnung, Harmonie und Frieden für uns. Es wird berichtet, daß der Mann aus Gerasa „ordentlich gekleidet" und „wieder bei Verstand" dasitzt, während er zuvor immer wieder versucht hatte, sich selbst zu verletzen.

Jesus besiegt den Bösen im Besessenen von Gerasa. So verhilft er auch uns zu der Unerschrockenheit, gegen die irrationalen Kräfte und gegen unerklärliche Verwirrungen in uns selbst, in anderen und in der ganzen Menschheit anzugehen. Jesus lehrt uns, diese Mächte und Kräfte aus der Bahn zu werfen, sie auf diese Weise unschädlich zu machen.

3. *Mk 4, 37–41.* Hier ist die Rede von der Stillung des Seesturms. Jesus zeigt auch angesichts der entfesselten Kräfte der Natur Mut und Unerschrockenheit. Er besiegt die Angst des Menschen, von den Kräften der Natur und des Todes überwältigt zu werden. Mit einer Ruhe besiegt er sie, die er dann auch an die Apostel, ja an die Natur selbst weiterzugeben vermag. „Da stand er auf, droht dem Wind und sagte zu dem See: Schweig, sei still! Und der Wind legte sich, und es trat völlige Stille ein." (V. 39) Die Apostel hatten so sehr Angst vor dem körperlichen Tod, daß Jesus darüber traurig wurde. Er zeigt einen Mut, der aus dem Glauben erwächst.

Sind auch wir in der Lage, mit dem Mut des Glaubens unsere Angst vor Kräften der Natur zu überwinden?

4. *Mk 8, 31–33.* Dieser vierte Abschnitt zeigt die Einstellung Jesu zu seinem eigenen, herannahenden Tod. Natürlich könnten wir auch die Gethsemaneszene heranziehen. Ich habe bewußt diesen Abschnitt gewählt, weil er zeigt, wie Jesus schon während seines Lebens, zu Beginn seines öffentlichen Wirkens, die Auseinandersetzung mit dem Tod erfährt. „Dann begann er, sie darüber zu belehren, der Menschensohn müsse vieles erleiden und von den Ältesten, den Hohenpriestern und den Schriftgelehrten verworfen werden. Er werde getötet, aber nach drei Tagen werde er wieder auferstehen. Und er redete ganz offen darüber. Da nahm ihn Petrus beiseite und machte ihm Vorwürfe. Jesus wandte sich um, sah seine Jünger an und wies Petrus mit den Worten zurecht: Weg mit dir, Satan, geh mir aus den Augen! Denn du hast nicht das im Sinn, was Gott will, sondern was die Menschen wollen."

Halten wir fest: Jesus redet von seinem Tod. Er sieht es als ein Tun des Teufels an, ihn davon abzubringen. Es ist für die persönliche Betrachtung sehr hilfreich, von diesem Abschnitt auszugehen.

„Jesus, wie ist es möglich, daß du imstande bist, die Todesangst zu überwinden und von diesem Tod zu sprechen als von etwas, was nach dem Willen des Vaters geschehen *muß?* Wie bist du imstande, die Angst der Apostel auszuhalten, die deine Worte nicht annehmen wollen? Worin liegt der Schlüssel für deinen Sieg?"

Der Mut Jesu ist nicht der Mut eines Menschen, der zu sich sagt: Gott wird mir schon helfen. Vielmehr handelt es sich um einen Mut, der sich allem stellt und dabei auch die kleinen Umstände einer Situation mitberücksichtigt. Deshalb ist der Mut Jesu größer als der Mut Davids, der sehr viel auf Gott vertraut, aber ein wenig auch auf sich. Woher kommt der Mut Jesu, der auch den Tod überwindet?

4. Jesus, der Sohn des Vaters

Die Stärke Jesu besteht darin, daß er als der Sohn sich ganz auf den Vater verläßt, der sich ihm ganz schenkt. Die Sohnschaft ist der Quell für sein Vermögen, selbst dem Tod ins Auge zu schauen, der Quell auch für seine Herzensfreiheit und für seine Unerschrockenheit. Jesus ist in der Mitte von allem. Als der Sohn offenbart er uns den Willen Gottes und vollzieht ihn auch. „Jesus, lehre uns, was es heißt, in dir und mit dir Kinder des Vaters im Himmel zu sein. Du bist der Heiland, weil du der Sohn bist. Du bist der wahre Messias, weil du uns lehrst, Kinder Gottes zu sein, wie du der Sohn Gottes bist. Dieser Glaube besiegt die Welt und alle Anfechtungen. Schenke uns ein tiefes Gespür dafür, daß es der Heilige Geist ist, der in uns immer wieder ruft: Vater! So können wir alle Ängste und Befürchtungen, jede Art von übertriebener politischer Klugheit hinter uns lassen. Wir werden so ganz schlichte, sanftmütige, freie Menschen."

Der theologische Mut kommt aus dem Geist der Sohnschaft. Wer sich in den Händen Gottes weiß, der darf sich in den Händen des Vaters Jesu Christi wissen, der auch unser Vater ist. An Jesus glauben heißt, sich der eigenen Sohnschaft bewußt zu sein, teilzuhaben an seiner Sohnschaft.

Wer hat, dem wird gegeben

Homilie

Der Abschnitt aus dem Matthäusevangelium, den wir betrachten wollen, ist für uns nicht einfach zu verstehen (Mt 13, 10–17). Jesus hat gerade das Gleichnis vom Sämann erzählt. Die Jünger fragen ihn daraufhin, warum er zu den Leuten in Gleichnissen redet. Jesus antwortet: „Euch ist es gegeben, die Geheimnisse des Himmelreichs zu erkennen, ihnen aber ist es nicht gegeben. Denn wer hat, dem wird gegeben, und er wird im Überfluß haben; wer aber nicht hat, dem wird auch noch weggenommen, was er hat. Deshalb rede ich zu ihnen in Gleichnissen, weil sie sehen und doch nicht sehen, weil sie hören und doch nicht hören und nichts verstehen. An ihnen erfüllt sich die Weissagung Jesajas:
Hören sollt ihr, hören, aber nicht verstehen,
sehen sollt ihr, sehen, aber nicht erkennen.
Denn das Herz dieses Volkes ist hart geworden,
und mit ihren Ohren hören sie nur schwer,
damit sie mit ihren Augen nicht sehen
und mit ihren Ohren nicht hören,
damit sie mit ihrem Herzen nicht zur Einsicht kommen,
damit sie sich nicht bekehren und ich sie nicht heile."

1. Die Leute sind schockiert, als sie solche Worte hören. Wir sagen, das sei biblischer Stil. Die Verhärtung des Herzens sei etwas, was der Mensch seinem freien Willen zuzuschreiben habe. Aber es ist ja nicht nur der Prophet Jesaja, der so redet. Jesus selbst redet in harten Worten.

Ungefähr bis zum letzten Jahrhundert bereitete diese

Perikope keine Schwierigkeiten. Man hatte sich an den Gedanken gewöhnt, daß das Heil nur für einen Teil der Menschen gedacht sei. Weder die Kirchenväter noch viele Meister des geistlichen Lebens hatten besondere Schwierigkeiten, die Menschheit in zwei Gruppen aufzuteilen: Da sind jene, die gerettet werden, und da sind die anderen, die nicht zum ewigen Leben gelangen. Heute können wir eine solche Unterscheidung kaum mehr aufrechterhalten, besonders nachdem uns das Zweite Vatikanische Konzil die Allgemeinheit des Heils gelehrt hat. Wir wollen nicht glauben, daß es Menschen gibt, die überhaupt nicht „begreifen" können. Das wäre ja gegen das Prinzip der Gleichheit.

Der Wert der anderen Religionen, die Dialog zwischen den Religionen – das sind wichtige Themen. In der Heiligen Schrift wird der Gedanke von der Universalität des Heils nur langsam entfaltet. Ausgangspunkt ist das Heil Israels. Immer wieder finden wir „universale" Passagen, immer wieder aber auch solche, die das Heil eher einschränken wollen auf Israel.

Wenn es um solche „einschränkenden" Passagen geht, sollten wir eigentlich immer mit dem Text ringen, so wie Jakob mit Gott gerungen hat. Wir sollten unser Gebet an Gott richten und sagen: „Herr, du hast uns in eine kulturelle Situation gestellt, in der wir in besonderem Maße den Unterschied zwischen unserer Denkweise und jener des Altertums – auch jener des Neuen Testamentes und der Kirchenväter – wahrnehmen. Schenke uns Glauben, Licht, Leidenschaft und Beherztheit, in allen Teilen der Heiligen Schrift dein Werk zu sehen!"

Vor allem wollen wir Jesus um Vergebung bitten, daß es uns nicht immer gelingt, sein Evangelium so zu hören, wie wir es hören sollten. So bewegen wir uns immer etwas außerhalb seiner Lehre. Wir sollten unser Nachdenken immer wieder erhellt sein lassen durch das Licht des Wortes Jesu. Natürlich sollen wir die angesproche-

nen Passagen des Neuen Testamentes nicht einfach übergehen. Wir sollen aber ganz unvoreingenommen und
ruhig an sie herantreten, sollen nicht müde werden, sie
immer wieder zu meditieren.

2. Meiner Meinung nach steht im Text des Matthäus
ein Wort, das uns helfen kann, eine Menge von Schwierigkeiten zu überwinden: „Denn wer hat, dem wird gegeben, und er wird im Überfluß haben; wer aber nicht hat,
dem wird auch weggenommen, was er hat." (V. 12) Dieses Wort steht nicht vereinzelt da. Wir finden es ähnlich
im Gleichnis von den Talenten. Dem Knecht, der sein
Talent vergraben hat, wird dieses weggenommen und
dem gegeben, der zehn hat, „denn wer hat, dem wird gegeben, und er wird im Überfluß haben. Wer aber nicht
hat, dem wird auch noch weggenommen, was er hat."
(Mt 25, 29) Hier sind Perspektiven angesprochen, die das
Problem sowohl auf persönlicher als auch auf pastoraler
Ebene lösen.

– Auf persönlicher Ebene. „Wer hat, dem wird gegeben, und er wird im Überfluß haben." Gott liebt mich
zuerst. Das ist eine fundamentale, absolute Wahrheit.
Darin liegt mein Haben. Ich erkenne meine Schuld an,
kann sie anerkennen, weil vor der Schuld die Liebe Gottes liegt. Wenn ich mich als Sünder bekenne, dann wird
mir vergeben und in reichem Maß Freude, Heil und Leben mitgeteilt. Wir können unsere Probleme nicht lösen, wenn wir nicht von dem Positiven ausgehen, was in
uns existiert, vom Glauben und von der Liebe Gottes.

Oft häufen wir eine Schwierigkeit auf die andere, legen uns lange Listen mit Schwierigkeiten an und sind
dann entmutigt, wissen nicht mehr, wo anfangen, um
diese Schwierigkeiten zu lösen bzw. zu überwinden. Die
richtige Weise, Schwierigkeiten anzugehen, besteht
darin, daß wir zuerst einmal fragen: Was haben wir
schon? Was ist der feste, unverrückbare Ausgangspunkt?

Das christliche Leben ist ein Weg. Man durchschreitet

ihn von dem Punkt an, an dem man sich befindet. Wenn ich nirgendwo bin, kann ich auch nicht aufbrechen. Befinde ich mich aber an einem klar definierten Ort, sei es selbst die Wüste, dann habe ich einen festen Bezugspunkt. Gott liebt mich. Meine Gewißheit im Blick auf diese göttliche Initiative der Liebe ist der Schlüssel für mein Leben. „Wer hat, dem wird gegeben."

– Auf pastoraler Ebene. Angesichts vieler verwickelter Situationen sollte die erste Frage immer lauten: Gibt es nicht einen sicheren Ausgangspunkt? Vielleicht ist da sozusagen der Beginn einer Spirale sichtbar, über die die Liebe Gottes sich in solchen Situationen „entwickeln" kann. Wenn ja, dann wird uns sicher „mehr" gegeben.

Um zum Gleichnis zurückzukehren: Wer das wenige annimmt, das er verstehen kann, dem wird mehr geschenkt. Das Gleichnis ist ein Angebot, zeigt mir eine Bedeutung, einen Sinn. Wenn ich mich solchem öffne, wird mir mehr gegeben werden. Jesus wendet sich dem Verhärteten zu. „Der Menschensohn ist gekommen, zu suchen und zu retten, was verloren ist" (Lk 19, 10). Er stiftet dort etwas Gutes, damit eine Entwicklung in Gang gesetzt werden kann.

– Was das Evangelium uns sagt, ist sowohl für den Dialog zwischen den Religionen als auch für den ökumenischen Dialog bedeutsam. Früher haben wir meist geglaubt, die anderen wären vom Teufel, und wir seien gerufen, sie zu schlagen.

Natürlich schafft ein solcher Dialog auch Probleme. Warum soll man das Evangelium predigen, wenn man Gott doch in jeder Religion finden kann? Wer so denkt, kann den apostolischen Eifer verlieren, denn der Einsatz so vieler Mittel erscheint unnütz.

„Wer hat, dem wird gegeben, und er wird im Überfluß haben." Dieses Wort hilft mir sehr, das Problem klarer zu sehen. Wenn ich nichts vom Schatz des Evangeliums empfangen und begriffen habe, ist es besser, den „universalen" Weg (hin zu den anderen Religionen) nicht zu gehen. Wir werden das wenige verlieren, was wir haben.

Wer hingegen etwas vom Geheimnis Jesu Christi, des Königs und Herrn der Geschichte, der Menschheit und meines eigenen Lebens begriffen hat, braucht nichts zu befürchten, denn er erkennt alles entsprechend dem Wert, was es tatsächlich hat.

Wer, vom Alten Testament herkommend, das Geheimnis des Messias ein wenig besser verstanden hat, des Sohnes Gottes und des Menschensohnes, das Geheimnis dessen, der die Zusammenfassung aller menschlichen Wege, Wünsche und Hoffnungen ist, der vermag auch den Wert der anderen Religionen recht einzuschätzen. Er ist in der Lage, den Dialog demütig und unerschrokken zu führen. Er begreift die Wahrheit in den anderen Religionen, weil er alles von Jesus her sieht, dem Urheber und Vollender des Glaubens.

David als Freund – Jesus als Freund

„Allmächtiger Vater! Wir danken dir, weil du uns in deinem Sohn alles geschenkt hast. Du lehrst uns, ihn nachzuahmen und willst, daß wir in ihm die ganze Wahrheit unserer menschlichen Existenz finden. Wir danken dir für alle Gestalten, durch die du auf das Geheimnis deines Sohnes vorbereitet hast. Öffne unser Herz und unseren Geist, daß wir es verstehen, das Leben dieser Gestalten zu lesen, damit wir durch ihre Hilfe zu jener reichen Wirklichkeit gelangen, die Jesus Christus selber ist.

Herr Jesus, König des Universums, Mittelpunkt der Geschichte! Du hast uns bis zum Tod geliebt und hast uns berufen, deine Freunde zu sein. Gewähre uns, das Geheimnis deines Herzens besser zu verstehen!

Hilf uns, besser innezuwerden, was es mit dem Gedächtnis deiner Freundschaft und deines Todes auf sich hat, mit der Heiligen Eucharistie! Hilf uns, in deiner Freundschaft zu leben, indem wir uns nach deinem Vorbild gegenseitig lieben!

Vater, erhöre unser Gebet durch Jesus Christus, unsern Herrn. Amen."

Den Text Hebr 12, 1–2 als Schlüsseltext im Hintergrund, wollen wir nunmehr die Frage stellen, wie Jesus die Freundschaft vollendet, für die David ein so wunderbares Beispiel ist. Mehr noch: David wird in der Geschichte und in der Literatur gerade wegen seiner Freundschaft gerühmt. Bis heute ist er die Symbolfigur für Freundschaft als solche.

Die Bibel ergeht sich breit über das Freundschaftsband zwischen David und Jonatan. Diese Freundschaft ist eine Art „Urmodell" von Freundschaft überhaupt, auch wenn ihr Auf und Ab von der Bibel mit gewissen Hintergedanken erzählt wird. Man muß sich diesen Erzählungen mit jener unkomplizierten Einstellung nähern, für die die Kommentare der Kirchenväter beste Beispiele sind. Für uns sollte die Freundschaft zwischen David und Jonatan stets im Hintergrund stehen, wenn wir über die Freundschaft Jesu nachdenken. Diese freilich steht für uns an erster Stelle, wenn wir uns anschicken, den Heilsplan Gottes zu bedenken.

Wir wollen zunächst einige Texte aus dem Alten Testament über die Freundschaft Davids lesen, danach neutestamentliche Abschnitte über die Freundschaft Jesu. Danach folgen einige Anregungen zur Meditation.

1. Die Freundschaft Davids

1. *1 Sam 17, 57–18, 4.* Es handelt sich um jene Stelle, die vom Werden der Freundschaft zwischen David und Jonatan berichtet. Ganz unerwartet entstand sie, fast ein wenig unerklärlich. Nachdem David den Philister erschlagen hat, wird er vom Heerführer Abner zu Saul geführt. Dieser fragt ihn: „Wessen Sohn bist du, junger Mann?" Hier hat es den Anschein, als hätte er ihn zum ersten Mal gesehen.

Die Antwort Davids auf die Frage lautet: „Der Sohn deines Knechtes Isai aus Bethlehem." Der Text fährt fort: „Nach dem Gespräch Davids mit Saul schloß Jonatan David in sein Herz. Und Jonatan liebte David wie sein eigenes Leben" (17, 58–18, 1). Diese Formulierung ist außerordentlich stark. Die Freundschaft, die hier plötzlich entstanden ist, hält die Geschichten, die dann folgen, irgendwie zusammen – Geschichten, in denen soviel die Rede ist von Grausamkeit, Haß, Rache und allen möglichen Verdächtigungen.

„Jonatan schloß mit David einen Bund, weil er ihn wie sein eigenes Leben liebte. Er zog den Mantel, den er anhatte, aus und gab ihn David, ebenso seine Rüstung, sein Schwert, seinen Bogen und seinen Gürtel" (18, 3–4).

2. *1 Sam 19, 1–7.* Hier wird die Freundschaft auf die Probe gestellt. Weil Jonatan den David so sehr liebt, tritt er bei seinem Vater Saul für ihn ein, erklärt ihm, daß es sich um einen zuverlässigen jungen Mann handle, der dem König ergeben ist. Saul hatte seinem Sohn Jonatan und seiner Umgebung nämlich mitgeteilt, daß er beabsichtige, den David zu töten. Und mit diesen Worten greift Jonatan ein: „Der König möge sich doch nicht an seinem Knecht David versündigen! Denn er hat sich ja auch nicht an dir versündigt, und seine Taten sind für dich sehr nützlich gewesen. Er hat sein Leben aufs Spiel gesetzt und den Philister erschlagen. Der Herr hat durch ihn ganz Israel viel Hilfe gebracht. Du hast es selbst gesehen und dich darüber gefreut. Warum willst du dich nun versündigen und unschuldiges Blut vergießen, indem du David ohne jeden Grund tötest?" (VV. 4–5).

Jonatan tut also alles für den Freund. Saul hört auf ihn.

3. *1 Sam 20.* Hier geht es noch einmal um die Erprobung jener Freundschaft. Jonatan fordert den Zorn des Vaters heraus, indem er die Flucht Davids begünstigt. Der sehr lange Text ist sehr schön und voll Leben. Einige Verse daraus, die in besonderer Weise den theologischen Sinn erkennen lassen, möchte ich hervorheben. Es sind Worte Jonatans an David.

„Nicht wahr, wenn ich dann noch am Leben bin, wirst du entsprechend der Huld des Herrn an mir handeln. Wenn ich aber umkomme, dann entzieh meinem Haus niemals deine Gunst, selbst wenn der Herr jeden der Feinde Davids auf dem Erdboden ausrottet ... Und Jonatan ließ auch David bei seiner Liebe zu ihm schwören, denn er liebte ihn wie sein eigenes Leben" (VV. 14–17). Das Vertrauen, das Jonatan hier zum Ausdruck bringt, ist stärker als selbst der Tod.

4. *1 Sam 22, 7–8.* Die Stelle redet von der harschen Kritik Sauls an der Freundschaft der beiden jungen Männer: „Da sagte Saul zu seinen Dienern, die um ihn standen: Hört her, ihr Benjaminiter! Euch allen wird wohl der Sohn Isais Felder und Weinberge geben und euch zu Obersten von Tausendschaften und Hundertschaften machen, weil ihr euch alle gegen mich verschworen habt. Keiner hat mir etwas davon gesagt, als mein Sohn einen Bund mit dem Sohn Isais schloß, und keinem tat es leid um mich, so daß er mir mitgeteilt hätte, daß mein Sohn meinen Knecht dazu angestiftet hat, mir aufzulauern, wie es jetzt der Fall ist."

Wir wissen, daß Jonatan niemals ein Komplott gegen den Vater geschmiedet hat, wissen auch, daß er dem Vater bis zum Ende treu und ergeben war. Andererseits ist er nicht bereit, die Tötung des Freundes zu akzeptieren. Beiden gegenüber, dem Vater und dem Freund, ist er treu und loyal.

5. *1 Sam 23, 15–18.* Mit einer List gelingt es dem Jonatan, noch einmal David im Geheimen zu treffen. Es ist dies ein besonders dichter Moment in der Freundschaft der beiden, denn was Jonatan da tut, könnte ihn das Leben kosten. „Als David ... in der Steppe Sif war, brach Jonatan, der Sohn Sauls, auf und ging zu David nach Horescha. Er stärkte Davids Vertrauen auf Gott" (V. 16).

Dann sagte er zu ihm: „Fürchte dich nicht, die Hand meines Vaters Saul wird dich nicht erreichen. Du wirst König über Israel sein, und ich werde der zweite nach dir sein. Auch mein Vater Saul weiß das." Der Text fährt fort: „Und die beiden schlossen vor dem Herrn erneut einen Bund. David blieb in Horescha, und Jonatan ging wieder nach Hause" (VV. 17–18).

Beim ersten Treffen hatte Jonatan dem David Mantel

und Waffen gegeben. Das war eine ganz außerordentliche Geste, die aber vielleicht nur andeutete, daß David dies brauchte. Hier ist nun einiges mehr im Spiel. Jonatan spricht eine Art Prophezeiung aus. Er ist in der Lage, die Pläne Gottes zu lesen.

6. *2 Sam 1, 25–26*. Diese so innige Freundschaft wird nun in einem ergreifenden Totengesang gepriesen, als nämlich Jonatan zusammen mit Saul gefallen ist. „Ach, die Helden sind gefallen mitten im Kampf! Jonatan liegt erschlagen auf deinen Höhen. Weh ist mir um dich, mein Bruder Jonatan. Du warst mir sehr lieb. Wunderbarer war deine Liebe für mich als die Liebe der Frauen. Ach, die Helden sind gefallen, die Waffen des Kampfes verloren!" Was ergibt sich aus diesen Texten?

Zweifellos wird hier eine Freundschaft geschildert, die in der gesamten Heiligen Schrift *einzigartig* ist. Beide jungen Leute sind Könige: Jonatan ist der rechtmäßige Thronfolger, David ist gewählter König. Es handelt sich also um die Freundschaft zwischen zwei Männern von außerordentlicher Bedeutung und außerordentlichem Profil. Jeder der beiden sieht den anderen als bedeutender, als wichtiger an als sich selbst. Es ist auch eine Beziehung, der ein gewisser Schein von Zweideutigkeit anhaftet. Jedoch ist auch festzuhalten, daß die Bibel so entschieden gegen jede Art von Homosexualität oder von Homophilie eingestellt ist, daß man sich überhaupt nicht denken kann, daß etwas in dieser Richtung unterstrichen oder bejaht werden soll. Wir müssen diese Beziehung als Beispiel geglückter Menschlichkeit in einer Zeit der Grausamkeit und der Gewalt ansehen.

Meiner Meinung nach sind die Geschichten von Jonatan und David für die gesamte Davidsgeschichte *zentral*. Die Liebe Gottes, mit der er ihn geliebt und erwählt hat, ist so groß, daß sie sich auch auf die Feinde erstreckt. Genauer gesagt: Jonatan hätte eigentlich der ganz besondere Feind Davids sein können. Tatsächlich aber geschieht, daß er von der Liebe Gottes zu David ergriffen wird. Jonatan nimmt nach Art prophetischer Intuition etwas wahr von den Regeln, die im Reich des Messias gelten.

Schließlich sind die Erzählungen auch einfach Beschreibung und Ausdruck dessen, was *Freundschaft an Schönheit und Großartigkeit* an sich hat. Menschen werden so sensibel füreinander, daß sie immer schon wissen, was der andere braucht. Sie sind sogar bereit, sich je für den anderen zu opfern. Es handelt sich um eine Wirklichkeit, die in den Augen Gottes gut ist. Deshalb wird sie mit Worten beschrieben, die anrühren. Die Möglichkeit eines Bundes zwischen Menschen, der weder politischer noch wirtschaftlicher noch ehelicher Natur ist, wird von der Bibel als authentische Wirklichkeit und als Wert in sich vorgestellt.

2. Jesu Freundschaft

Ist auch Jesus so offen und so sensibel für Freundschaft, wie David es war? Fünf Texte geben – neben anderen – darüber Auskunft.

1. *Mk 10,17–22.* Als sich Jesus wieder einmal auf den Weg macht, da kommt ein reicher Mann auf ihn zu und fragt ihn, was er tun müsse, um das ewige Leben zu erhalten. Die von Mose überlieferten Gebote hat er immer gehalten. „Da sah ihn Jesus an, und weil er ihn liebte, sagte er …" (V. 21). Das ist ein Detail, das bei den anderen Synoptikern fehlt. Man denkt an die erste Begegnung zwischen Jonatan und David. Jesus erkennt die geistliche Qualität dieses Mannes. Das bewegt ihn. Man kann gar nicht verstehen, warum dieser Mann nicht eine dem Blick Jesu angemessene Antwort gegeben hat. Wahrscheinlich will der Evangelist andeuten, daß die Liebe Gottes frei und ungeschuldet ist.

In seinem Brief an die Jugend der Welt vom 31. März
1985 kommentiert Papst Johannes Paul II. diesen Text des
Markus ausführlich. Er deutet den Blick Jesu als Reflex des
ersten Blickes, den Gott auf den Menschen geworfen hat,
als Ausdruck der Liebe Gottes, die den Menschen erschafft
und die ihn heiligt. Der Mensch, der diesen Blick nicht
bejaht und positiv annimmt, ist letztlich unglücklich,
denn er kennt seine Bestimmung nicht.

2. *Joh 11, 3.5.* Der Evangelist erzählt uns, daß ein gewisser Lazarus erkrankt ist. Seine Schwestern Maria und
Marta schicken zu Jesus und lassen ihm ausrichten:
„Herr, dein Freund ist krank" (V. 3). Wir sind vielleicht
erstaunt, denn von diesem Lazarus war zuvor nie die
Rede. So wissen wir nicht, wer er war, und noch weniger,
warum Jesus ihn liebte; welche Art von Beziehung zwischen ihnen existierte.

Lazarus ist eine Gestalt ohne Gesicht und ohne
Physiognomie. Sein Antlitz ist im Evangelium gleichsam
von einem Schleier verhüllt. Was zählt, ist einfach die
Liebe Jesu, ist das Faktum, daß Jesus Freund des Lazarus
ist. Doch nicht nur Freund des Lazarus war Jesus, sondern „Jesus liebte Maria, ihre Schwester und Lazarus."
(V. 5) Die Liebe und Freundschaft Jesu weitet sich über
diese konkrete Person hinaus aus auf andere.

Von daher verstehen wir auch den Abschnitt *Lk
10, 38–42* besser. Jesus ist auf einem freundschaftlichen
Besuch im Hause von Maria und Marta. Solche Besuche
waren wahrscheinlich schon Gewohnheit. Jesus fühlte
sich bei den drei Geschwistern offensichtlich wohl. Er
nahm, selbst ein gern gesehener Gast, Zuflucht in diesem Hause, führte hier, an diesem Ort der Ruhe, manches Gespräch. Es ist wohl nicht zufällig, daß das letzte
Gastmahl, das Jesus vor der Osterwoche veranstaltet, in
Bethanien stattfindet.

Jesus suchte solche Orte und Zeiten des vertrauten

Umgangs, auch wenn die Evangelien nicht viel davon reden. Jemand hat einmal gesagt, es habe drei Arten von Zeiten im Leben Jesu gegeben: Zeiten für Gott (vor allem das Gebet in langen Nächten), Zeiten des seelsorgerlichen Einsatzes für die anderen, Zeiten für Freunde.

In diesem Bericht erweckt Jesus seinen Freund Lazarus, aber damit rückt er auch dem Tode näher. Nach der Begebenheit in Bethanien kommen nämlich die Pharisäer und die Hohenpriester zu dem Entschluß, ihn zu töten. Jesu Freundschaft ist von einer Treue gekennzeichnet, die bis in den Tod geht.

3. Es gibt eine ganze Gruppe von Texten, die um den „Jünger, den er liebte" kreisen.

– *Joh 13, 23–26* redet von der Ankündigung des Verrates durch Judas. „Einer von den Jüngern lag an der Seite Jesu. Es war der, den Jesus liebte. Simon Petrus nickte ihm zu, er solle fragen, von wem Jesus spreche. Da lehnte sich dieser zurück an die Brust Jesu und fragte ihn: Herr, wer ist es? Jesus antwortete: Der ist es, dem ich den Bissen Bort, den ich eintauche, geben werde. Dann tauchte er das Brot ein, nahm es und gab es Judas, dem Sohn des Simon Iskariot."

Zwischen Jesus und Johannes existiert eine Freundschaft, in der es keine Geheimnisse gibt. Sie ist von Vertrauen geprägt.

– *Joh 19, 26–27.* Der Jünger, den Jesus liebte, taucht in jener entscheidenden Stunde des Kreuzes auf. „Als Jesus seine Mutter sah und bei ihr den Jünger, den er liebte, sagte er zu seiner Mutter: Frau, siehe, dein Sohn! Dann sagte er zu dem Jünger: Siehe, deine Mutter! Und von dieser Stunde an nahm sie der Jünger zu sich."

Der Text hat vor allem symbolischen Charakter. Johannes steht für die Kirche, die alle Gnade vom Kreuz empfängt. Sie erhält Zugang in den innersten Raum der österlichen Geheimnisse, die alles beinhalten, was Jesus für die Welt tut. Die Freundschaft, von der hier die Rede ist, ist also auch in dieser Hinsicht nichts Nebensächliches, sie hat eine zentrale Stelle im Heilswerk Christi.

– Im Zusammenhang der Auferstehung taucht jener Jünger wiederum auf. Maria aus Magdala geht zum Grab und sieht, daß der Stein weggenommen war. „Da lief sie schnell zu Simon Petrus und dem Jünger, den Jesus liebte, und sagte zu ihnen: Man hat den Herrn aus dem Grab weggenommen, und wir wissen nicht, wohin man ihn gelegt hat. Da gingen Jesus und der andere Jünger hinaus und kamen zum Grab. Sie liefen beide zusammen dorthin, aber weil der andere Jünger schneller war als Petrus, kam er als erster ans Grab." Johannes geht aber nicht in das Grab hinein, sondern wartet auf die Ankunft des anderen. Petrus geht nun als erster ins Grab, und „da ging auch der andere Jünger, der zuerst ans Grab gekommen war, hinein. Er sah und glaubte" (Joh 10, 2–4.8).

– *Joh 21, 7.* Einige der Jünger befinden sich auf dem See von Tiberias, um zu fischen. Sie fangen aber nichts. Jesus ist auf einmal bei ihnen, wird aber von den Jüngern nicht erkannt. Er bittet um Essen und fordert sie auf, das Netz nochmals auszuwerfen. Da fangen sie eine sehr große Zahl von Fischen. „Da sagte der Jünger, den Jesus liebte, zu Petrus: Es ist der Herr!" Dieser Ruf ist ein starker Ausdruck für tiefen Glauben.

– Am Ende des vierten Evangeliums geht es um das Schicksal dieses Jüngers. Jesus hatte zu Petrus gesagt: „Folge mir nach!" Dieser, Petrus, „wandte sich um und sah, wie der Jünger, den Jesus liebte, diesem folgte. Es war der Jünger, der sich bei jenem Mahl an die Brust Jesu gelehnt und ihn gefragt hatte: Herr, wer ist es, der dich verraten wird? Als Petrus diesen Jünger sah, frage er Jesus: Herr, was wird denn mit ihm? Jesus antwortete ihm: Wenn ich will, daß er bis zu meinem Kommen bleibt, was geht das dich an? Du aber folge mir nach! Da verbreitete sich unter den Brüdern die Meinung: Jener Jünger stirbt nicht. Doch Jesus hatte zu Petrus nicht gesagt: Er stirbt nicht, sondern: Wenn ich will, daß er bis zu meinem Kommen bleibt, was geht das dich an?" (Joh 21, 20–24).

Alle diese Texte rufen nach einer längeren und eingehenden Meditation. Nur so kann man besser das Geheimnis der Liebe Jesu für jenen Jünger begreifen. Warum hat Jesus ihn gleichsam vorzugsweise geliebt? Es handelt sich um den Jünger der ersten Stunde, um jenen, der begriffen hat, wie Jesus die Menschen liebt: Er liebt sie mit dem Herzen dessen, der der Sohn Gottes selber ist. Johannes lebt ganz aus dieser Freundschaft. Sie ist letztlich die Wurzel, aus der heraus sein Evangelium entsteht, das Evangelium der Liebe.

4. *Lk 23, 41–43*. Dieser Abschnitt redet nicht ausdrücklich von Freundschaft, aber ich glaube, sie kommt doch vor. Jesus hängt am Kreuz. Zwei Verbrecher sind mit ihm zusammen gekreuzigt. Der eine verspottet ihn, der andere tadelt den Komplizen trotz der schrecklichen Situation, in der er sich befindet: „Uns geschieht recht, wir erhalten den Lohn für unsere Taten. Dieser aber hat nichts Unrechtes getan." Dann wendet er sich an Jesus wie an einen Freund: „Jesus, denk an mich, wenn du in dein Reich kommst!" Jesus antwortet ihm: „Amen, ich sage dir: Heute noch wirst du mit mir im Paradies sein." Ist das nicht ein wunderbarer Ausdruck von Freundschaft, die sich im Moment des Todes entfaltet?

5. Zwei weitere Texte könnten das Gesagte noch vertiefen helfen. Jesus gibt selber das Beispiel, wie man lieben soll. „Ein neues Gebot gebe ich euch: Liebt einander! Wie ich euch geliebt habe, so sollt auch ihr einander lieben. Daran werden alle erkennen, daß ihr meine Jünger seid: wenn ihr einander liebt" (Joh 13, 34–35).

Ist das eine Liebe, die mit „Freundschaft" zu tun hat? Die Antwort finden wir in *Joh 15, 12–15*: „Das ist mein

Gebot: Liebt einander, so wie ich euch geliebt habe. Es gibt keine größere Liebe, als wenn einer sein Leben für seine Freunde hingibt. Ihr seid meine Freunde, wenn ihr tut, was ich euch auftrage. Ich nenne euch nicht mehr Knechte, denn der Knecht weiß nicht, was sein Herr tut. Vielmehr habe ich euch Freunde genannt, denn ich habe euch alles mitgeteilt, was ich von meinem Vater gehört habe." Diese Worte sind eine ausdrückliche Aufforderung an uns, den Reichtum der Freundschaft Jesu für die Seinen im eigenen Leben zur Entfaltung zu bringen.

3. Anregungen für die Meditation

1. *Freundschaft ist eine Gabe Gottes.* Sie ist ein Geheimnis. Man kann sie weder einfordern noch im strengen Sinn programmieren. Diese Gabe kommt von oben. Uns bleibt nur, uns dafür bereitzuhalten. Das tun wir, indem wir in uns das Wohlwollen den Mitmenschen gegenüber grundsätzlich wachhalten.

2. *Freundschaft ist schön.* Sie gibt dem Leben Würze, macht es reich, verändert die Menschen. Deshalb ist sie ein sehr großer Wert.

3. *Freundschaft meint Treue bis in den Tod.* Das macht uns die Geschichte von Jonatan und David klar. Das zeigt uns auch der Jünger, den Jesus liebte: Er verharrt unter dem Kreuz, obwohl das sehr gefährlich war. Man hätte ihn töten können. Jesus sagt uns ausdrücklich, daß Freundschaft damit zu tun hat, das Leben hinzugeben. Daher ist wahre Freundschaft eher selten. Sie ist nicht dasselbe wie Kameradschaft.

4. *Freundschaft reicht über den Tod hinaus.* Jonatan bittet den David, er möge ihm über den Tod hinaus treu sein. David beweist diese Treue darin, daß er sich dem Sohn Jonatans gegenüber außerordentlich großzügig verhält. Der Tod ist nicht das Ende wahrer Freundschaft.

Das kann man auch am Beispiel Jesu ablesen. Die Eucharistie ist in besonderem Maße Zeichen der Freundschaft Jesu, die sich in seinem Sterben zeigt und darüber hinaus. Immer, wenn wir Eucharistie feiern, feiern wir den Tod Jesu, den er aus Liebe zu uns gestorben ist. Zugleich erinnern wir uns, daß der Tod aus Liebe den Tod selbst besiegt. Die Eucharistie ist dichtester Ausdruck von Freundschaft, von Jesu Freundschaft. Sie hat zu tun mit Treue und mit Beständigkeit, mit Leben und mit Liebe, die in die Ewigkeit hinüberreicht.

5. *Freundschaft kann gefährlich sein.* Alles, was in dieser Welt an Schönem existiert, hat zwei Seiten. Es gibt wahre und falsche Freundschaft, solche, die den Menschen aufbaut und solche, die ihn zerstört. Eine Freundschaft hilft auf dem Glaubensweg, eine andere ist hier eher hinderlich, bedeutet Stillstand oder gar Rückschritt. Deshalb muß man sehr genau hinsehen, muß unterscheiden und klug urteilen. Die Bibel stellt uns verschiedene Stufen und Weisen von Freundschaft vor.

Priester und Ordensleute sollten keine exklusiven Freundschaften haben. Die Liebe, die uns geschenkt wurde und zu der wir in der Weihe ja gesagt haben, ist die Liebe Jesu. Freundschaften sind schön und gut, wir sollen sie auch pflegen. Doch wir müssen sie so leben, wie Jesus es getan hat: Im hellen Licht und in Durchsichtigkeit, in der Bereitschaft, sie mit anderen zu teilen. Freundschaften, die in Isolation verharren, degenerieren schließlich im Dunstkreis von Zweideutigkeit, schaffen Probleme und Leiden.

Natürlich wollen diese Anregungen einer guten Meditation dienen. Diese aber sollte in die Anbetung der Heiligen Eucharistie einmünden, denn sie ist Gedächtnis dessen, was Gott für uns getan hat. Sie ist gleichsam der brennende Dornbusch, der Geheimnis des dreifaltigen Gottes umschließt, jenes kraftvolle Geheimnis, das uns immer wieder neu macht und Leben schenkt.

Die Freiheit Davids – Jesu Freiheit

„Herr, wir sind ein wenig in der Situation der Jünger von Emmaus, die zu begreifen suchten, als du ihnen die Schrift erklärtest. Du weißt, daß es für uns bedeutsam ist, zu wissen, was die Heiligen Schriften des Alten Bundes über dich geweissagt haben. Öffne unsere Augen, wie du es bei den Jüngern von Emmaus und bei deinen Aposteln getan hast! Laß auch unser Herz brennen, während du uns den Sinn der Heiligen Schrift erschließt, damit wir dich beim Brotbrechen erkennen können.

Gott, unser Vater! Das alles erbitten wir von dir durch unsern Herrn Jesus Christus, deinen Sohn, in der Einheit des Heiligen Geistes, vereint mit der Jungfrau Maria und mit der heiligen Maria Magdalena."

Wenn wir Jesus besser als den Messias und Herrn verstehen wollen, müssen wir zu begreifen suchen, wie seine Eigenschaften und Verhaltensweisen das, was uns aus dem Alten Testament berichtet wird, zur Vollendung führen. In diesem Sinn wollen wir über die Freiheit Davids und über die Freiheit Jesu nachdenken, im Grunde über die Beziehung zwischen Gesetz und Freiheit.

Wir gehen von einem Matthäustext aus, lesen dann einen Abschnitt aus dem ersten Samuelbuch, aus dem Jesus zitiert, und kommen schließlich wieder auf Matthäus zurück. Ich werde einige Thesen über das Gesetz vorstellen, damit wir von daher die Freiheit Jesu besser begreifen. Wir sind immer noch in der zweiten Exerzitienwoche des ignatianischen Exerzitienbüchleins.

1. Einführung

Mt 12, 1–8 ist ein außerordentlich interessanter Text. An einem Sabbat zieht Jesus durch die Kornfelder. Die Jünger haben Hunger. Deshalb reißen sie Ähren ab und essen davon. Die Pharisäer üben Kritik daran. „Da sagte er zu ihnen: Habt ihr nicht gelesen, was David getan hat, als er und seine Begleiter hungrig waren? Wie er in das Haus Gottes ging und wie sie die heiligen Brote aßen, die weder er noch seine Begleiter, sondern nur die Priester essen durften?" (VV. 3–4). Diese beiden Verse verweisen auf einen Text im *ersten Samuelbuch*.

2. 1 Sam 21, 2–7

Der Abschnitt befindet sich unmittelbar hinter dem langen Kapitel, das von der Freundschaft zwischen David und Jonatan erzählt. Jonatan begibt sich zurück in die Stadt und David bricht angsterfüllt auf, ohne zu wissen, was ihm geschehen wird. Er kommt nach Nob zu dem Priester Ahimelech. Nach der Zerstörung des Heiligtums von Silo (vgl. 1 Sam 4) war die Priesterschaft auf den Mons Scopus im Osten von Jerusalem geflüchtet. Der Priester kommt dem David aufgeregt entgegen. Vielleicht hat er von den Auseinandersetzungen zwischen ihm und dem König gehört. Er fragt ihn: „Warum bist du allein und hast niemand bei dir? Was hat dein Besuch zu bedeuten?" David antwortet: „Der König hat mir einen Auftrag gegeben und zu mir gesagt: Niemand darf etwas von der Angelegenheit erfahren, in der ich dich sende und mit der ich dich beauftrage! Darum habe ich meine Leute an einen bestimmten Ort bestellt." David sucht nach einer Ausrede, um das Brot erbitten zu können. „Hast du vielleicht etwas zur Hand für mich? Fünf Brote vielleicht? Dann gib sie mir, oder gib mir, was du sonst finden kannst!" David hat gar nichts mehr, er leidet Hunger. Nun tut er den allerersten Schritt, um zu einer menschlichen Minimalexistenz zurückzufinden.

„Der Priester gab David Antwort und sagte: Gewöhnliches Brot habe ich nicht zur Hand, nur heiliges Brot ist da. Aber dann müssen sich die jungen Männer von Frauen ferngehalten haben." Darauf die Antwort Davids: „Wir haben uns schon gestern und vorgestern von Frauen ferngehalten. Als ich auszog, waren die Waffen der jungen Männer geheiligt. Wenn dies auch ein gewöhnlicher Marsch ist, so wird er doch durch die Waffen geheiligt." Die Antwort ist ein wenig durcheinander. David will wohl einfach sagen, sie seien rein, weil sie sich doch von Frauen ferngehalten hätten.

Darauf gibt Ahimelech dem David von den Schaubroten. Faßt man die gesamte Struktur des ersten Samuelbuchs ins Auge, so geht es in dieser Geschichte wohl nur darum, deutlich zu machen, daß David am Heiligtum mit seinem Leben neu begonnen hat bzw. was danach dort passiert. Im Folgenden (22, 6 ff) wird erzählt, wie Saul, nachdem er vom Geschehenen erfahren hat, den Ahimelech und die anderen Priester umbringt. Ausdrückliche Erwägungen zum Gesetz und über mögliche Ausnahmen vom Gesetz finden wir hier nicht.

3. Mt 12, 1–8

Jesus aber nimmt Bezug auf diesen Text, um in ein fundamentales, wichtiges Thema einzuführen. Hier und im folgenden geht es um den Sabbat. – Zu anderen Stücken, die sich diesem Thema zuwenden:

– *Mt 12, 9–14*. Da ist ein Mann mit einer verdorrten Hand. Er wird am Sabbat geheilt. Lk 13, 10–17 redet von der Heilung einer Frau am Sabbat. LK 14, 1–6 erzählt von der Heilung eines Wassersüchtigen am Sabbat.

Wichtig ist auch noch Joh 5, 1–18. Da wird ein Ge-
lähmter am Sabbat in Jerusalem geheilt. Von ganz besonderer Bedeutung ist aber vor allem die Geschichte
der Heilung eines Blinden, die einen großen Teil von
Kapitel 9 im Johannesevangelium ausmacht. Die Sabbatheiligung ist ein wichtiges Thema, viel wichtiger,
als es uns Heutigen scheinen mag. Schon zu Beginn
der Bibel (Gen 2, 2–3) wird erzählt, wie Gott selber am
Sabbat ruht und ihn heiligt, weil er an diesem Tag
nicht „gearbeitet" hat.

Vom Dekalog an durch die Bücher der Schrift hin-
durch finden wir minutiöse Anweisungen, die alle ihren
Sinn darin haben, die Heiligkeit dieses Tages zu sichern.
Sie sind heute noch bei den frommen Juden in Geltung.
Es geht zuerst und zuletzt um *simhat schabbat*, um die
Sabbatfreude. So ist es bis heute sehr schön, die Vorbe-
reitungen auf den Sabbat bereits am Freitag mitzuerle-
ben. Eine Atmosphäre von Begeisterung, Ruhe und
Festlichkeit entfaltet sich dann. Der Sabbat ist für diese
Leute in der Tat ein Tag der Freude, des Tanzes, des Ge-
bets.

Das Sabbatgebot ist ein Menschengebot, aber es ruht
auf einer theologischen Vorstellung: Der Mensch ist geschaffen nach Gottes Bild und Gleichnis. Er ist nicht nur
für die Arbeit da, sondern er soll sich freuen, die Gemeinschaft mit Gott suchen, soll sich ausruhen. Im Gegensatz zum Tier kann der Mensch Unterschiede
machen zwischen Art und Bedeutung von verschiedenen Tagen. Der Rhythmus zwischen Arbeit und Ruhe
stiftet seinem Leben Ordnung ein.

Jesus ist sich sehr wohl der Sorge der Pharisäer um die
Einhaltung des Sabbatgebotes bewußt. Diese Sorge hat
mit menschlicher Einstellung zum Gesetz überhaupt zu
tun. Es handelt sich hier ja um ein Menschengesetz, das
gleichwohl auf göttlicher Anordnung beruht. Die Weise,
wie man zu einem solchen Gesetz steht, kann in Ord-

nung sein oder total verkehrt. Letztlich hängt das mit der Vorstellung zusammen, die man von Gott hat.

Es handelt sich also um ein sehr schwieriges Thema. Wir wollen es mit einem Gebet angehen:

„Herr Jesus, laß uns begreifen, wer du bist und wer der Vater ist! Laß uns verstehen, daß es sich um ein Problem handelt, das zu tun hat mit dem Erkennen und mit dem Kennen Gottes. Hilf uns, daß wir den Vater und durch den Vater dich erkennen, den Sohn. Wir sind ja berufen, in dir zu Kindern, zu Söhnen Gottes zu werden!"

– *Mt 12, 1–8.* Die Erzählung ist in drei Teile gegliedert. Zuerst wird der Vorgang als solcher erklärt. Es folgt der negative Kommentar der Pharisäer. Der dritte Teil beinhaltet – recht breit ausgeführt – die Antwort Jesu.

1. Jesus geht an einem Sabbat durch die Kornfelder. Die Jünger haben Hunger, reißen deshalb Ähren ab und essen davon (V. 1).

2. Das sehen die Pharisäer und sind darüber empört. Sie wenden sich an Jesus und fragen ihn, wie er es zulassen kann, daß der Sabbat so entheiligt wird (V. 2).

3. Jesus legt in seiner Antwort sozusagen vier wichtige Prinzipien vor.

Das erste Prinzip ist der *gesunde Menschenverstand:* „Habt ihr nicht gelesen, was David getan hat, als er und seine Begleiter hungrig waren? Wie er in das Haus Gottes ging und wie sie die heiligen Brote aßen, die weder er noch seine Begleiter, sondern nur die Priester essen durften?" (VV. 3–4) Dazu sind noch die Aussagen in Ex 25, 23–30 und in Lev 24, 5–9 wichtig. Jesus bezieht sich auf David, um klarzustellen, daß eine bestimmte Notwendigkeit vor dem Sabbatgebot steht. Der gesunde Menschenverstand hat seine Rechte. Jesus weiß, daß David als bedeutender König und als gläubiger Mensch angesehen wird. Wenn er ein Bedürfnis höher ansiedelt als die Sabbatheiligung, dann ist diese Rangordnung richtig.

Danach folgt ein *theologisches Prinzip:* „Oder habt ihr nicht im Gesetz gelesen, daß am Sabbat die Priester im Tempel den Sabbat entweihen, ohne sich schuldig zu machen?" (V. 5) Der Sabbat hat mit Gott zu tun, ist aber gleichwohl ein relativer, kein absoluter Wert. Was wie Sabbatschändung aussieht, ist es dennoch nicht. So sind ja auch die gottesdienstlichen Vollzüge der Priester im Tempel am Sabbat erlaubt.

Schließlich wird ein *christologisches Prinzip* formuliert: „Ich sage euch: Hier ist einer, der größer ist als der Tempel" (V. 6). Man sollte V. 8 noch hinzunehmen: „Der Menschensohn ist Herr über den Sabbat."

Am Ende steht ein *ethisches Prinzip.* Barmherzigkeit ist mehr als Opfer. „Wenn ihr begriffen hättet, was das heißt: Barmherzigkeit will ich, nicht Opfer, dann hättet ihr nicht Unschuldige verurteilt." Gottes Sicht und Ordnung der Dinge ist die Norm von allem.

Wir sollten diese vier Prinzipien noch einmal genauer durchgehen. Sie helfen uns, die Art und Weise der Freiheit Jesu vor dem Gesetz zu verstehen.

– Das Prinzip des gesunden Menschenverstandes läßt sich im allgemeinen leicht erkennen, aber nicht ebenso leicht in die Tat umsetzen. Wenn wir mit bestimmten positiven Gesetzen Schwierigkeiten haben, erkennen wir meist nicht sogleich, was nun der gesunde Menschenverstand sagt. Jesus bringt dieses Prinzip auch bei anderer Gelegenheit in Anwendung: „Wer von euch wird seinen Sohn oder seinen Ochsen, der in den Brunnen fällt, nicht sofort herausziehen, auch am Sabbat?" (Lk 14, 5). Man achtet ein Gesetz nicht, wenn man zugleich verwirft, was der gesunde Menschenverstand verlangt. Es gibt eine bestimmte Rangordnung der Werte, die wir Menschen als solche unmittelbar erkennen, weil unser gesunder Verstand dahintersteht.

– Das theologische Prinzip reicht mehr in die Tiefe.

Es handelt sich um eine Erklärung der Aussagen des Buches Genesis sowie der Tradition: Der Sabbat ist ein sehr hoher Wert. Selbst Gott ruhte am Sabbat. Jedoch darf man den Bruder retten, auch wenn man dadurch das Sabbatgebot bricht. In diesem Fall (der Gefährdung des Bruders) dürfen wir nicht ruhen, denn wir sind nach dem Bild Gottes geschaffen. Das wird bei der Heilung einer Frau am Sabbat besonders deutlich, als Jesus sagt: „Ihr Heuchler! Bindet nicht jeder von euch am Sabbat seinen Ochsen oder Esel von der Krippe los und führt ihn zur Tränke? Diese Tochter Abrahams aber, die der Satan schon seit achtzehn Jahren gefesselt hielt, sollte am Sabbat nicht davon befreit werden dürfen?" (Lk 13, 15–16.) Der Evangelist berichtet danach, daß durch diese Worte seine Gegner beschämt wurden. Das Volk aber freute sich über die Taten, die er vollbrachte.

Jesus macht die Menschen im Gewissen frei. Sie freuen sich darüber: So ist die Religion in Wirklichkeit, so ist Gott in Wirklichkeit! Was uns gesagt worden war, hat uns eingeengt. Wir erkennen, daß das, was sich vor unseren Augen ereignet, eigentlich die Wahrheit ist!

– Das christologische Prinzip ist noch mehr entfaltet: „Ich sage euch: Hier ist einer, der größer ist als der Tempel." Im Tempel wurde ja sogar am Sabbat „gearbeitet"! Das Gesetz des Alten Bundes unterliegt dem endgültigen Gesetz Jesu Christi, der „Herr über den Sabbat" ist, Herr des göttlichen Heilsplanes.

Jesus ist nicht nur erniedrigter Mensch. Er ist auch der hoch erhobene Mensch. Er ist Haupt des messianischen Reiches, der wahre David, dem das Reich übergeben ist. Mit ihm beginnt der Neue Bund. Er gießt neuen Wein in neue Schläuche, setzt neuen Stoff auf einen neuen Anzug. In der neuen Heilsordnung ist er selbst, Jesus, Prinzip und Schlüssel von allem, nicht das Gesetz ist es. Wer das versteht, der hat das Neue Testament verstanden. Im Alten Testament war das von Mose gegebene Gesetz das

Zeichen. Nun ist der König Jesus ewiges und endgültiges Zeichen, wie der heilige Ignatius sagt.

– Das ethische Prinzip folgt eigentlich aus diesem Primat Jesu. Es handelt sich um jenes Prinzip, das alle Einstellungen des Menschen durchdringen sollte: „Barmherzigkeit will ich, nicht Opfer." Die Anspielung auf den Propheten Hosea ist klar. Die *chesed,* von der dort die Rede ist, meint die heilsschaffende Liebe Gottes, die durch den Heiligen Geist ausgegossen ist in die Herzen der Menschen. Sie ist das höchste Gebot. „Liebe will ich, nicht Schlachtopfer, Gotteserkenntnis statt Brandopfer" (Hos 6, 6). Der Prophet knüpft die Liebe an die Gotteserkenntnis. Damit deutet er die Nähe zu jener liebenden Erkenntnis an, die zwischen Braut und Bräutigam besteht. Das Thema taucht im Johannesevangelium wieder auf: „Das ist das ewige Leben: Dich, den einzigen wahren Gott, zu erkennen und Jesus Christus, den du gesandt hast" (Joh 17, 3).

Beide, sowohl Jesus im Johannesevangelium als auch Hosea, nehmen Bezug auf 1 Sam 25, wo Gott durch Samuel zu Saul sagt: „Hat der Herr an Brandopfern und Schlachtopfern das gleiche Gefallen wie am Gehorsam gegenüber der Stimme des Herrn? Wahrhaftig, Gehorsam ist besser als Opfer, Hinhören besser als das Fett von Widdern." Saul hatte einiges von der Beute für sich behalten unter dem Vorwand, es für Gott opfern zu wollen. Dieser alttestamentliche Text hat dann einen langen Weg durch die Geschichte genommen. Selbst der heilige Ignatius bedient sich seiner als Vorlage für seinen berühmten Brief über den Gehorsam.

Der Gehorsam, der größer ist als Opfer, bezieht sich nicht auf Vorschriften. Er ist ein Stück Liebe zu Gott, ein Hinhören auf sein Wort, bedeutet, über das Kennenlernen Jesu Gott besser zu verstehen. Dieser Gehorsam ist der Vorrang von *chesed.*

Jesus vertieft die Argumentation nicht. Er stellt einfach fest, daß die Einstellung der Pharisäer gegenüber dem Gesetz einerseits und gegenüber den Mitmenschen andererseits nicht in Ordnung ist. Das, worum es aber geht, ist Herzstück nicht nur des Alten Testamentes, sondern der gesamten Heilsgeschichte.

Wir haben die Lesung der Texte selber abgeschlossen. Der heilige Ignatius mahnt uns, daß wir uns vor aller Meditation eines Bibeltextes über die besondere Situation und über die Zusammenhänge im einzelnen Klarheit verschaffen müssen, um die es dort geht. Das ist für jede Meditation, auch für die im Alltag, wichtig. Ausgangspunkt muß immer die sorgfältige Textlektüre sein.

4. Anregungen für die Meditation

Wie sieht die rechte christliche Einstellung zum Gesetz aus? Dazu formuliere ich sieben Thesen, die in vielem das ordnen, was schon gesagt wurde.

1. Das Gesetz des Neuen Bundes ist in erster Linie der Heilige Geist. „Lex nova principaliter in Spiritu sancto consistit", sagt Thomas v. A. mit Bezug auf Röm 8, 2 ff.

2. Wie wir aus dem Neuen Testament wissen, ist der Heilige Geist der Geist Jesu, des Gottessohnes. Das bedeutet: Dieser Geist schafft in uns die Grundbereitschaft von Söhnen, von Kindern. Sein Gesetz ist aktiv und schöpferisch. Unser Herz verbindet sich mit dem Herzen Jesu, seine Sohneshaltung lebt in uns. Wir sind Söhne in den Armen des Vaters, dem wir unsere Vergangenheit, unsere Gegenwart und unsere Zukunft anvertrauen. Theologisch gesprochen, geht es hier um Glaube und um Hoffnung: Wir glauben im Heute, weil der Vater uns heute zu seinen Kindern macht. Wir hoffen, das heißt, wir sind gewiß, daß uns auch in Zukunft nichts von der Liebe Christi, des Sohnes Gottes, trennen kann. Das ist Kern des christlichen Gesetzes.

3. Der Geist treibt uns, so zu lieben, wie Jesus geliebt hat. Jesus hat zunächst die Seinen geliebt, aber darüber hinaus hat er alle geliebt, die er berufen hat, seine Kinder zu sein. „Alle, die vom Geist bestimmt sind, trachten nach dem, was dem Geist entspricht" (Röm 8, 5). Das eine und große Gebot, das der Geist uns einstiftet, ist das *Gebot der Liebe.* Sie regelt die Beziehungen unter den Menschen. Das Leben Jesu ist für uns Modell und Beispiel, wie wir die anderen lieben sollen. Daß der Heilige Geist selber Gesetz ist, bedeutet, daß wir befähigt werden, so zu lieben, wie Jesus geliebt hat, und uns so lieben zu lassen, wie er vom Vater geliebt wurde.

Zurecht wird gesagt, Jesus sei *der Mensch für die anderen.* Als der Sohn Gottes, als der menschgewordene Gott ist er der Gott für die anderen, der uns durch seine Gemeinschaft mit uns erlöst und heil macht. Das ist das Geheimnis des christlichen Glaubens.

4. Christliches Leben hängt von dem so beschriebenen Geheimnis ab. Gesetze und Anordnungen, Gebet und Sakramente, das Kirchenjahr, das Brauchtum und die gesamte Seelsorge haben nur ein einziges Ziel: Sie wollen in der Gemeinschaft aller die Ordnung der Liebe aufrichten. Alles steht im Dienst der Liebe.

5. Was bedeutet in solchem Zusammenhang die Freiheit Jesu? Es handelt sich um die Freiheit des Sohnes, der geliebt wurde und seinerseits liebt. Auf diese Weise rückt der die Ordnung der Liebe und alles, was sich auf sie bezieht, in den Mittelpunkt. In diesem Zusammenhang ist Mt 17,24-27 sehr erhellend. Jesus sagt, die Söhne brauchten als Söhne eigentlich keine Tempelsteuer zu zahlen. Dennoch solle sie bezahlt werden. Es geht um eine innere Freiheit, welche nicht das Gesetz außer Kraft setzen möchte, das aufgerichtet ist, das tägliche Leben der Gemeinschaft zu ordnen bzw. im täglichen Leben der Liebe zum Zug zu verhelfen. Alles bewegt sich also um zwei Pole: Jesus nimmt sich gegenüber dem Sab-

batgebot die Freiheit, respektiert aber auch äußere Gesetze, wenn diese geeignet sind, die Liebe zu fördern.

Es geht um ein Prinzip, das für das Leben der Kirche von großer Bedeutung ist. Die Freiheit der Kinder Gottes muß sich konkret mit dem verbinden, was der Gemeinschaft hilft, den Primat der Liebe zu leben (Demut, gutes Beispiel, brüderliche Zurechtweisung, Gebet, Vergebung: vgl. Mt 18).

6. Wir müssen alles achten, was sich mit der Ordnung der Liebe zusammenbringen läßt, jedoch mit jener Freiheit des Herzens und des Geistes, die mit der Freiheit des Sohnes, Jesus Christus, identisch ist.

7. Was ist das Gegenteil solcher Freiheit?

– *Gesetzlosigkeit:* Totales Fehlen von Achtung vor den Gesetzen. Man sagt, man wolle ja nur das, was die Liebe gebietet. Im Grunde aber möchte man nur den eigenen Willen durchsetzen. Gesetzlosigkeit wird zur Willkür, die die anderen im Namen der Liebe verletzt.

– *Gesetzesstrenge:* Hier fehlen eine gewisse Beweglichkeit und eine Elastizität. Im kirchlichen Leben oder im Leben eines Ordens wird dem Buchstaben gedient oder dem Stolz, dem Buchstaben Genüge getan zu haben. Hier regieren Herzenshärte und Formalismus. Letztlich kommt es zu Verbitterung.

Der Mensch wandelt sozusagen immer zwischen diesen beiden Abgründen. Jesus geht oben auf dem Grat. Er lädt uns ein, mit ihm zu gehen, nicht aus eigenen Kräften, sondern in der Kraft des Heiligen Geistes.

„Jesus, laß uns teilhaben an jener Freiheit, die aus deiner Liebe kommt! Laß uns diese deine Freiheit meditieren – deine Freiheit als Sohn, deine Freiheit, für die anderen da zu sein! Möge uns durch diese Betrachtung die Gabe deines Heiligen Geistes zuteil werden, der unsere Herzen so freimacht, wie es deiner Freiheit entspricht."

Die persönliche Erfahrung des Auferstandenen

Homilie

Das Evangelium an diesem Fest (Joh 20, 1.11–18) versetzt uns immer wieder in Staunen. Er redet vom entscheidenden Ereignis der Geschichte, von einem Ereignis, das das gesamte Universum betrifft. Die Geschichte öffnet sich dem Unendlichen. Jene Liebe, mit der Gott die Welt geschaffen hat, wird neu offenbar. Mit all seinem Handeln hat Gott immer nur das Eine angezielt: *Jesus als den Auferstandenen.*

Erstaunlicherweise wird uns dieses Ereignis in einer privaten, vertrauten Unterhaltung mitgeteilt, wo es um sehr menschliche Gefühle geht, um Tränen und um Trauer. Gott offenbart seine Größe in den kleinen Dimensionen menschlicher Natur und menschlicher Psychologie!

Das kann man im übrigen auch an der Emmausgeschichte ablesen. Auch dort geht Jesus von der Trauer aus, in einem Gespräch, das doch die ganze Weite und Tiefe der Heilsgeschichte eröffnet. Schließlich mündet das Ganze in ein einfaches Mahlgeschehen (vgl. Lk 24, 13 ff). Gott nimmt das menschliche Leben auch in seinen scheinbar unbedeutenden Einzelheiten ernst, wie auch das heutige Evangelium aufzeigt. Fünf Aspekte möchte ich besonders hervorheben.

1. Mit der Erwähnung von Maria in V. 11 beginnt die Geschichte eigentlich: „Maria aber stand draußen vor dem Grab und weinte". Ihr Weinen wird viermal erwähnt. Hier, in diesem Vers, heißt es: „Sie weinte". Und weiter: „Während sie weinte, beugte sie sich in die Grab-

kammer". Die Engel fragen: „Warum weinst du?" Auch Jesus fragt sie: „Frau, warum weinst du?"

Das „Weinen" beherrscht den gesamten ersten Teil der Erzählung. Man mag an Jes 25, 8 denken: „Gott, der Herr, wischt die Tränen ab von jedem Gesicht." Oder auch an Offb 21, 4: „Er wird alle Tränen von ihren Augen abwischen."

2. Die Engel sitzen in der Grabkammer, der eine, wo der Kopf Jesu lag, der andere, wo seine Füße lagen. Sie fragen: „Frau, warum weinst du?" Die Antwort der Maria lautet: „Man hat meinen Herrn weggenommen, und ich weiß nicht, wohin man ihn gelegt hat." (V. 13)

3. Jesus kommt nun hinzu. Das Gespräch ist ganz ähnlich wie davor: Warum weinst du? Wen suchst du? Herr, wenn du ihn weggebracht hast, sag mir, wohin du ihn gelegt hast!

Der Evangelist spielt immer wieder auf das Alte Testament an, hier offensichtlich auf das *Hohelied:* Ich suchte meinen Geliebten und fand ihn nicht. Ich will die Stadt durchstreifen, ich muß ihn finden … (3, 1 ff) Auch an das Suchen Davids sei nochmals erinnert und damit an *Psalm 63:* „Gott, du mein Gott, dich suche ich …"

Manche Textausgaben reden vom Suchen am frühen Morgen. Maria Magdalena kommt am frühen Morgen zum Grab! Auch an *Psalm 42, 4* darf man denken: „Tränen waren mein Brot bei Tag und bei Nacht, denn man sagt zu mir den ganzen Tag: Wo ist nun dein Gott?"

Maria Magdalena, die hier auf den ersten Blick sozusagen mit ihrem privaten Kummer beschrieben wird, repräsentiert in Wirklichkeit das Suchen Gottes, von dem das Alte Testament immer wieder redet. Ihre Tränen sind die Tränen der Menschheit ohne Gott, die nicht aufhört, ihn zu suchen, auch wenn sie es gar nicht weiß. Maria Magdalena steht für alle Männer und für alle Frauen in unserer säkularisierten Gesellschaft, die nach Gott dürsten, ihn suchen, sein Antlitz sehen wollen.

4. Dieses Suchen ist aber noch sehr menschlich. Gott wird im Grab gesucht, Jesus wird dort gesucht, wo er überhaupt nicht ist. Es handelt sich um ein ehrliches Suchen, das müssen wir anerkennen. Jedoch sind die Mittel und Wege nicht in Ordnung, mit denen gesucht wird. Wieviele Menschen heute suchen Gott auf den Wegen von Erfolg, Nutzen und Macht! Jesus aber korrigiert die Frau nicht. Wenn er Menschen korrigiert, beginnt er stets mit der Anerkennung des Guten, das in ihnen ist. So sagt er zu den Emmausjüngern: „Wie schwer fällt es euch, zu begreifen ..." Das ist schon ein eher hartes Wort. Bei der Frau ist er noch viel zurückhaltender. Sie ist wahrscheinlich innerlich schon mehr aufgeschlossen als die beiden Männer! Aber im Kern ist da kein Unterschied. Die Emmausjünger hätten Jesus gerne als den Sieger gesehen, weil sie ihn liebten. Nach der Niederlage am Kreuz sind sie traurig und niedergeschlagen. Maria Magdalena sucht aus ihrer Liebe heraus einen toten Jesus. Sie alle sind ganz in der Nähe Gottes, haben ihn aber noch nicht gefunden.

Jesus geht auf die Frau zu, möchte ihr mit einer Frage helfen: Ist dein Suchen richtig, ist es in Ordnung! Als Jesus dann ihren Namen nennt („Maria!"), ist sie ganz aufgeschlossen: „Rabbuni!"

Die Auferstehung Jesu wird uns nicht durch seinen Ruf mitgeteilt: Ich bin auferstanden!, sondern durch das Nennen eines Namens. Die Offenbarung ist ganz und gar existentiell. Die Worte, d. h. die Nennung des Namens, berühren Maria Magdalena in der Tiefe ihrer Existenz, in ihrer ganzen Würde als dieser unverwechselbare Mensch.

5. Was folgt, ist die Aussage Jesu über seinen Gang zum Vater. Jesus läßt die Jünger an seinem Sohn-Sein teilhaben. So werden sie bekennen können, daß er der Sohn Gottes ist und daß sie die Söhne im Sohn sind. Wo er hingegangen ist, dorthin werden auch sie kommen.

Die gesamte Theologie will eigentlich nur diesen Gedanken entfalten.

Ausgangspunkt ist stets das persönliche Gespräch, ist die Nennung unseres Namens durch den Auferstandenen.

Der heilige Augustinus ist bekanntlich einer der besten Kenner der Weltgeschichte und der Kirchengeschichte. In seinem „Gottesstaat" möchte er die großen Linien der Zeiten herausarbeiten, möchte den Gang der Kirche durch die Geschichte verständlich machen. Das tut er wohl nur, weil er zuvor – zu einem bestimmten Zeitpunkt in Mailand – direkt und persönlich vom Herrn angerufen wurde. Jean Guitton bemerkt sehr richtig, daß er wohl nur deshalb den „Gottesstaat" schreiben konnte, weil er die „Bekenntnisse" geschrieben hat. Nachdem er nämlich verstanden hat, daß er eine menschliche Person ist, die Gott gerufen und die er zu sich hin bekehrt hat, konnte er auch den Sinn der Geschichte begreifen. Daran können wir erkennen, daß unser ganz persönliches Leben und das Leben der Kirche nicht zwei verschiedene Wirklichkeiten sind. Eines geht in das andere über. Wir verstehen die Kirche in dem Maße, als wir uns selbst in der Geschichte, die wir gemeinsam mit Jesus haben, begreifen. Andererseits können wir selbst uns nicht recht begreifen, wenn wir uns nicht auf die Kirche und auf die Heilsgeschichte hin öffnen. Wie wollen wir Gottes Pädagogik mit der Kirche verstehen, wenn wir seine Erziehungskunst an uns nicht begreifen? Das alles gilt natürlich auch für die Seelsorge. Keiner kann Hirte sein, wenn er nicht begriffen hat, daß Gott sein Hirte ist; daß Gott ihn auf den Wegen führt, auf denen er ihn führen will.

Gebet und Betrachtung der Exerzitien wollen uns die Wege Gottes in unserer eigenen Geschichte erhellen. Dann sind wir auch besser in der Lage, die Wege zu begreifen, auf denen Gott die anderen führt.

Eine Schlußbemerkung. Das Evangelium beschreibt die Rolle der Frau neu. Maria Magdalena stellt zwar die ganze Menschheit dar, aber sie ist eine Frau. Als Frau verkündet sie die Auferstehung. Auch die Jungfrau Maria aus Nazaret spricht ihr „Ja" für die gesamte Menschheit, ist aber dennoch Frau. Vielleicht ist es eine besondere Gabe der Frau, im Ausgang von persönlicher Erfahrung die Menschheit repräsentieren und das Heil verkünden zu können. Sie trägt das Heil in sich selber, was sie der Menschheit verkündet. Darin liegt vielleicht ein Geheimnis, das uns noch nicht ganz erschlossen ist. Bitten wir Maria Magdalena an diesem ihren Fest, uns etwas vom Willen und vom Plan Gottes in dieser Hinsicht erkennen zu lassen!

Die Demut des David und Jesu Demut

Der Heilige Ambrosius beginnt sein Werk „De apologia prophetae David" mit folgenden Worten: „Ich habe mir vorgenommen, eine Apologie zur Verteidigung Davids zu schreiben. Aber nicht deshalb, weil er das nötig hätte! Er hat ja doch viele Verdienste und Tugenden. Eher deshalb, weil viele die Erzählung von dem lesen, was er getan hat, ohne recht den Geist der Heiligen Schriften zu verstehen und das Unergründliche dessen, was berichtet wird" (1, 1).

„Wir bitten dich, Herr, hilf uns, die Geschichte des David unter dem Beistand jener Gnade zu lesen, die du den Aposteln nach der Aufersehung verliehen hast. Jene Gnade ist es, die in den Geist der Heiligen Schrift einzudringen vermag und in all das, was unseren Vätern widerfahren ist. So werden wir letztlich den Geist Jesu selber verstehen und die tiefen Gründe seines Lebens und seines Todes. Gewähre uns jene Gnade, Vater, durch unseren Herrn Jesus Christus, deinen Sohn, der mit dir und dem Heiligen Geist lebt und regiert in Ewigkeit. Amen."

Der heilige Ignatius spricht in der Zweiten Exerzitienwoche von drei Weisen der *Demut*. Die erste Weise der Demut besteht darin, daß ich mich so weit herabsetze und so weit erniedrige, als es mir möglich ist, dazu hin, in allem dem Gesetz Gottes zu gehorchen. Die zweite Demut bedeutet, daß ich nicht mehr wünsche und ersehne, eher

Reichtum als Armut zu besitzen, eher Ehre als Unehre zu suchen, eher langes Leben als kurzes zu begehren, wo es für den Dienst des Herrn gleich bleibt. Die dritte Weise der Demut besteht darin, daß ich versuche, Christus dem Herrn immer mehr nachzufolgen und ihm ähnlicher zu werden, indem ich mit dem armen Christus eher Armut wähle als Reichtum, eher Schmach als Ehrenerweise; indem ich um Christi willen eher als ein Tor und Narr angesehen werden möchte, denn als weise und klug in dieser Welt (Nr. 165–167).

Im Lichte des Abschnittes aus dem *Hebräerbrief,* der über die inneren Haltungen Jesu redet, möchte ich eine Meditation über die Weisen der Demut Davids vorlegen. Wir beginnen mit einem Abschnitt aus dem ersten Samuelbuch. Dabei ist ein Vergleich zwischen David und Saul wichtig. Wir fragen, was die Demut Davids für Israel bedeutet. Dann kommen wir auf einige Abschnitte aus den Evangelien zu sprechen, wo Jesu Demut im Mittelpunkt steht. Hier werden wir fragen, was die Demut Jesu für den Weg der Kirche bedeutet.

1. Über die Demut Davids

1. *1 Sam 21, 11–16:* Sofort nach der Begegnung mit Ahimelech im Heiligtum von Nob flieht David vor Saul und kommt zu Achisch, dem König von Gat. Doch die Diener des Achisch erschrecken. Sie erinnern sich, daß von David beim Reigentanz gesungen wurde: „Saul hat Tausend erschlagen, David aber Zehntausend!" Natürlich erschrickt nun der flüchtige David seinerseits. Er verstellt sich und tut so, als sei er wahnsinnig. „Er kritzelte auf die Flügel des Tores und ließ sich den Speichel in den Bart laufen. Achisch sagte zu seinen Dienern: Seht ihr nicht, daß der Mann verrückt ist? Gibt es bei mir nicht schon genug Verrückte, so daß ihr mir auch noch diesen

Mann herbringt, damit er bei mir verrückt spielt? Soll der etwa auch noch in mein Haus kommen?" (VV. 14–16)

Hier geht es eigentlich mehr um menschliche Klugheit als um Demut. Manchmal ist es im Leben wichtig, als Narr angesehen zu werden, damit man nicht in größere Schwierigkeiten gerät. Auch der heilige Ignatius stellte sich einmal verrückt, als er auf einer Reise gefangengenommen wurde und man ihm Böses antun wollte. Daraufhin ließ man ihn wieder frei.

2. *2 Sam 6,12–23:* Hier geht es um die innere Freiheit Davids angesichts menschlichen Urteils. Nicht einmal vor dem Urteil seiner Frau fürchtet er sich. Die Erzählung ist mit vielen Details ausgeschmückt, ein Hinweis darauf, daß die Heilige Schrift ihr große Bedeutung zumißt. Nach vielen Wanderungen kehrt die Bundeslade, wo Gott selbst gegenwärtig ist, zurück zum Volk Israel. David läßt mit dem ganzen Volk ein großes Fest veranstalten. Man singt und spielt auf den verschiedenen Musikinstrumenten. Dann „ging David hin und brachte die Lade Gottes voll Freude aus dem Haus Obed-Edoms in die Davidsstadt hinauf. Sobald die Träger der Lade des Herrn sechs Schritte gegangen waren, opferte er einen Stier und ein Mastkalb. Und David tanzte mit ganzer Hingabe vor dem Herrn her und trug dabei das leinene Efod. So brachten David und das ganze Haus Israel die Lade des Herrn unter Jubelgeschrei und unter dem Klang des Widderhorns hinauf. Als die Lade des Herrn in die Davidsstadt kam, schaute Michal, Sauls Tochter, aus dem Fenster, und als sie sah, wie der König David vor dem Herrn hüpfte und tanzte, verachtete sie ihn in ihrem Herzen" (VV. 13–16). Dann wird die Lade des Herrn in das Zelt gebracht, das David für sie aufgestellt hat. Nach dem Darbringen der Brandopfer und Heilsopfer segnet David das Volk. Er läßt an jeden einen Laib Brot, einen Dattelkuchen und einen Traubenkuchen vertei-

len. Da kommt ihm Michal, die Tochter Sauls entgegen. Sie sagt: „Wie würdevoll hat sich heute der König von Israel benommen, als er sich vor den Augen der Mägde seinen Untertanen bloßgestellt hat, wie sich nur einer vom Gesindel bloßstellen kann!" David erwidert ihr: „Vor dem Herrn, der mich statt deines Vaters und seines ganzen Hauses erwählt hat, um mich zum Fürsten über das Volk des Herrn, über Israel, zu bestellen, vor dem Herrn habe ich getanzt. Für ihn will ich mich gern noch geringer machen als diesmal und in meinen eigenen Augen niedrig erscheinen. Bei den Mägden jedenfalls, von denen du gesprochen hast, stehe ich in Ehren." Der Bericht schließt mit den Worten: „Michal aber, die Tochter Sauls, bekam bis zu ihrem Tod kein Kind" (VV. 20–23). Die Nachkommenschaft geht dann über die Linie Salomos, des Sohnes der Batseba, nicht über Michal, von der man doch erwartet hatte, daß sie den ersten Platz innehaben würde.

Diese schöne Begebenheit zeigt – ich sagte es bereits – die Freiheit Davids angesichts von menschlichem Urteil auf. Gott muß man die Ehre geben. Demgegenüber ist menschliches Urteil sekundär. Das ist eine Form der Freiheit, die der ersten und der zweiten Weise der Demut entspricht, von der Ignatius redet. Durch nichts läßt man sich abschrecken, um das Gesetz Gottes erfüllen zu können.

Um noch besser zu verstehen, worum es eigentlich geht, sollte man ein Ereignis aus dem Leben Sauls lesen (1 Sam 19, 18–24). Um dem Zorn Sauls zu entfliehen, war David zu Samuel geflüchtet. Saul schickt Boten, um David holen zu lassen. Diese sehen die Schar der Propheten mit Samuel an der Spitze in prophetischer Verzückung. Da kommt der Geist Gottes auch über sie, und auch die Boten Sauls geraten in Verzückung. Als man das dem Saul meldet, schickt er immer wieder andere Boten. Das Ergebnis ist immer dasselbe: Sie alle geraten in

Verzückung. Da macht er sich selbst auf nach Rama. „Als er von dort zum Prophetenhaus in Rama weiterging, kam auch über ihn der Geist Gottes, und er ging in prophetischer Verzückung weiter, bis er zum Prophetenhaus in Rama kam. Er zog sogar seine Kleider aus und blieb sogar in Samuels Gegenwart in Verzückung. Den ganzen Tag und die ganze Nacht über lag er nackt da. Deshalb sagte man: Ist denn auch Saul unter den Propheten?" (VV. 23–24)

Auf der einen Seite unterstreicht die Bibel die Größe Davids, der sich sogar vor den Menschen zum Narren macht, um Gott zu gefallen, auf der anderen Seite zeigt sie die Hartnäckigkeit des Saul auf, der irgendwann vom Wahnsinn überwältigt wird.

3. *2 Sam 15, 13 ff; 16, 1–14.* Diese Begebenheit ist sehr wichtig. Wir sehen den David im Moment größter Erniedrigung und größter Schmach. Abschalom, sein Sohn, verschwört sich gegen ihn. David sieht sich gezwungen, aus Jerusalem zu fliehen, um das Feld dem Sohn zu überlassen. Jedes Wort dieses Berichtes sollte man eigentlich für sich hernehmen. Die Flucht des David trägt in gewisser Weise einen heiligen Charakter. David bleibt angesichts der Geschehnisse sehr ruhig, überläßt sich ganz Gott.

Die Flucht trägt gleichsam sakralen Charakter, spielt sich wie ein heiliges Schauspiel in größter Würde ab. „So zog der König fort, und sein ganzes Haus folgte ihm" (V. 16). Und weiter: „Alle weinten laut, als die Leute an David vorüberzogen. Da überschritt der König den Bach Kidron, und alle zogen weiter auf dem Weg zur Steppe" (V. 23). Da sieht David den Priester Zadok mit den Leviten, welche die Bundeslade tragen. David heißt sie in die Stadt zurückkehren: „Wenn ich vor den Augen des Herrn Gnade finde, dann wird er mich zurückführen und mich die Lade und ihre Stätte wiedersehen lassen. Wenn er aber sagt: Ich habe an dir kein Gefallen, – gut,

dann mag er mit mir machen, wie es ihm gefällt!" (V 26).
David hat eine ganz außergewöhnliche geistliche Größe
erreicht. Er kämpft nicht gegen den Sohn, sondern zieht
es vor, sich zurückzuziehen. Ganz überläßt er sich den
Plänen Gottes. Glaube und Liebe sind es, die ihn moti-
vieren.

Bis zum Schluß ist er der Herr der Lage. Er bleibt ganz
ruhig, er plant und lenkt alles. Ittai aus Gat will ihm mit
sechshundert Leuten folgen. David fordert ihn aber auf
umzukehren. Für ihn als einem Ausländer, der selbst
verbannt ist, könnte es gefährlich werden, wenn er sich
den Flüchtigen anschließt. Ittai ist ganz überwältigt von
dieser Reaktion des Königs. Er beharrt darauf, bleiben zu
wollen. Das wird ihm von David denn auch schließlich
gestattet.

Ein besonderer Augenblick im Leben des David wird
im folgenden Kapitel berichtet. Schimi beginnt ihn zu
verfluchen und zu verwünschen. Abischai kann das
nicht ertragen. Er sagt zum König David: „Warum flucht
dieser tote Hund meinem Herrn, dem König? Ich will
hingehen und ihm den Kopf abschlagen." Die Geschichte fährt mit der Antwort des Königs fort: „Was
habe ich mit euch zu schaffen, ihr Söhne der Zeruja?
Wenn er flucht und wenn der Herr ihm gesagt hat: Ver-
fluch David, wer darf dann fragen: Warum tust du das?"
Und weiter sagt David: „Seht, mein leiblicher Sohn
trachtet mir nach dem Leben, wieviel mehr muß es dann
dieser Benjaminiter tun! Laßt ihn fluchen! Sicherlich hat
es ihm der Herr geboten. Vielleicht sieht der Herr mein
Elend an und erweist mir Gutes für den Fluch, der mich
heute trifft" (16, 9–12). Das ist eine sehr ergreifende Begebenheit aus dem Alten Testament.

Die Gottesknechtlieder aus Jesaja (52–53) kommen in
den Sinn. Wir können uns auch fragen, wie denn wir angesichts von Demütigungen reagieren. Möchten wir
nicht in der Regel sofort etwas tun, wenigstens antwor-

ten? Solche Widerfahrnisse im Licht göttlicher Lenkung zu sehen, fällt uns hingegen schwer. David läßt sich nicht von der Situation übermannen. Er glaubt an den Gott, der ihm schon seine Liebe erwiesen hat und der ihn nach wie vor liebt. Er verliert seine ruhige Einstellung nicht. Durch sein Verhalten ändert er letztlich die Lage von Grund auf.

Was sagen wir angesichts solcher Verhaltensmuster Davids? Man sollte ihn mit Saul vergleichen, weil das die Bibel selbst nahelegt. Der Dominikaner J. D. Barthélemy sagt in einem seiner Bücher in dieser Hinsicht sinngemäß: Bezeichnend ist für Saul, wie er die Rinder zerhaut (1 Sam 11, 7). Damit zeigt er an, wie er die Selbstbeherrschung verloren hat. Unbeherrscht gebraucht er nun seine Macht und wendet sich damit gegen die Pläne und Vorhaben Gottes. Der Verfasser redet sogar vom Wahnsinn Sauls im medizinischen Sinn. Er verrennt sich in seiner Macht und Größe und kann nicht akzeptieren, daß auch andere Macht über sein Volk haben.

Damit erweist sich Saul aber als Gegenfigur zu David. David ist beweglich, er hat keine solch starre Idee von der Königsherrschaft. Es gab einen Augenblick in seinem Leben, in dem er der Versuchung, seine Würde als König zu retten und zu schützen, unterlegen ist. Das war der Moment seines Sündigens. Im ganzen übrigen Leben zeigt er aber größte Flexibilität. Er tanzt vor seinem Gott. Er nimmt auch die widrigen Umstände an. In jedem Ereignis sieht er noch einen Sinn, sieht überall das Gute, sucht die Wege Gottes zu erkennen. Diese Flexibilität paart sich mit Demut, denn sie nimmt sich überhaupt nicht wichtig. Gott soll alles in seinem Leben gestalten, Gott ist es auch, der ihm sein Haus, das „Haus David", bauen wird.

Was bedeutet die Demut Davids für Israel? Das Volk Israel kann an dieser Gestalt erkennen, daß *Königswürde keineswegs Demut ausschließt*. Bei Saul konnte man noch daran denken, daß ein König letztlich immer siegen muß; daß er immer recht hat, sich niemals demütigt, immer in Ehre und Herrlichkeit thront. Durch David begreifen wir, daß die Königswürde sehr wohl Hand in Hand gehen kann mit Demut. Das lehren uns auch die Propheten, besonders Sacharja und Zefanja. Mattäus zitiert bekanntlich beim Einzug Jesu in Jerusalem einen Vers aus dem Propheten Sacharja: „Juble laut, Tochter Zion! Jauchze, Tochter Jerusalem! Siehe, dein König kommt zu dir. Er ist gerecht und hilft. Er ist demütig und reitet auf einem Esel" (Sach 9, 9; vgl. Mt. 21, 5). Demut ist nicht nur eine Zierde des Königs, sondern des Volkes überhaupt: „Sucht den Herrn, ihr Gedemütigten im Land, die ihr nach dem Recht des Herrn lebt. Sucht Gerechtigkeit, sucht Demut", sagt der Prophet Zefanja (2, 3). Etwas später heißt es: „Und ich lasse in deiner Mitte übrig ein demütiges und armes Volk, das seine Zuflucht sucht beim Namen des Herrn" (Zef 3, 12). Das ist das Volk, dem die Seligpreisungen gelten – ein Volk, gestaltet nach dem Bild des demütigen David.

2. Jesu Demut

Es gibt eigentlich nicht viele Abschnitte in den Evangelien, die ausdrücklich von Jesu Demut reden. Eher ist es eine Atmosphäre, die durchgängig herrscht. Nichtsdestoweniger gibt es eine Art Schlüsselwort, wo Jesus sich gleichsam definiert: „Nehmt mein Joch auf euch und lernt von mir, denn ich bin gütig und von Herzen demütig" (Mt 11, 29). Bei Johannes ist Jesus der Weg, die Wahrheit und das Leben. Die Synoptiker heben seine Güte und Milde hervor, doch stets in Verbindung mit der Königswürde: „Mir ist von meinem Vater alles übergeben worden" (Mt 11, 27).
Jesus ist also ausgezeichnet durch eine Königswürde,

die sich durch Demut gestaltet, wie es bei David der Fall war (aber in noch vollkommenerer Weise). Für den heiligen Ignatius war das sehr wichtig. Der arme und demütige Jesus gibt den Jüngern gleichsam das Lebensprogramm vor (vgl. Nr. 146).

Wo ist von der Demut Jesu die Rede? Aus einer Reihe von möglichen Schriftstellen möchte ich nur zwei heranziehen.

1. *Lk 4, 16–30*. Hier wird eine Art Einführungspredigt Jesu berichtet. Jesus schaut weder auf die Erwartungen der Leute noch läßt er sich vom Wunsch nach Erfolg leiten. Auch schielt er nicht nach Beifall. Die Augen aller in der Synagoge sind auf ihn gerichtet (V. 20). Vielleicht erwartet man ganz außergewöhnliche Aussprüche und Reden, doch Jesus kümmert sich darum nicht.

Anfangs hören ihm wohl viele mit gespanntem Interesse zu, jedoch ist der Mißerfolg dann umso größer. Die Leute treiben Jesus aus ihrer Stadt Nazaret hinaus und wollen ihn vom Abhang eines Berges hinabstürzen. Was tut Jesus? „Er schritt mitten durch die Menge hindurch und ging weg" (V. 30). Er geht hinab nach Kafarnaum und lehrt dort am Sabbat, als ob nichts geschehen wäre. Daran zeigt sich eine außerordentliche Geistesfreiheit. Jesus ändert seine Predigt nicht, um einen besseren Erfolg zu erzielen. Er geht einfach in eine andere Stadt.

2. *Mt 12, 15–21*. Auch dieser Abschnitt macht etwas von der Grundeinstellung Jesu deutlich. Nach der Begebenheit vom Abreißen der Ähren erzählt der Evangelist die Heilung eines Mannes mit verdorrter Hand an einem Sabbat. Die Pharisäer entrüsten sich darüber. Sie tun sich zusammen, um ihn zu beseitigen. Als aber „Jesus das erfuhr, ging er von dort weg" (V. 15), so, wie David von Jerusalem hinweggegangen war, als er von der Verschwörung des Abschalom erfuhr. Jesus heilt die Kranken, „aber er verbot ihnen, in der Öffentlichkeit von ihm zu reden" (V. 16).

Jesus hätte ja seine Macht, Kranke zu heilen, ausnützen können. Er hätte die Geheilten auffordern können, zu den Pharisäern zu gehen und über das Geschehene zu berichten. So hätte sich die Gesamtsituation zu seinen Gunsten verändert. Doch Jesus tut solches nicht. Das wiederum erscheint dem Evangelisten so seltsam, daß er meint, er müsse dafür eine Erklärung abgeben: „Auf diese Weise sollte sich erfüllen, was durch den Propheten Jesaja gesagt worden ist: Seht, das ist mein Knecht, den ich erwählt habe, mein Geliebter, an dem ich Gefallen gefunden habe. Ich werde meinen Geist auf ihn legen, und er wird den Völkern das Recht verkünden. Er wird nicht zanken und nicht schreien, und man wird seine Stimme nicht auf den Straßen hören. Das geknickte Rohr wird er nicht zerbrechen und den glimmenden Docht nicht auslöschen, bis er dem Recht zum Sieg verholfen hat. Und auf seinen Namen werden die Völker ihre Hoffnung setzen" (VV. 17–21).

Die Weissagung des Jesaja ist geheimnisvoll: Der Messias wird den Völkern mit leiser Stimme die Wahrheit verkünden, wird das geknickte Rohr nicht zerbrechen und den glimmenden Docht nicht auslöschen. Wahrscheinlich hat der Evangelist das Kreuz im Sinn, an dem sich die Liebe Gottes zeigen wird. Das Kreuz ist Zeichen der Demütigung. Jedoch werden alle Völker daran ihre Hoffnung festmachen.

Der Text des Matthäus ist sehr eindrucksvoll. Er bringt ganz klar zum Ausdruck, wie sich Jesus in den Augen seiner Zeitgenossen darstellte. Das Leben Jesu vor seinem Leiden verläuft ganz einfach, spielt sich fast ein wenig im Verborgenen ab. Der ewige König der Herrlichkeit trennt seine Königsherrschaft nie von einer tiefen Demut. So führt er zur Vollendung, was David vorgelebt hat.

3. Hinweise für die Meditation

Man könnte sich dem Problem zuwenden, wie Demut in der Kirche von heute verwirklicht wird. Das Volk Gottes als solches ist zu einem Leben in Einfachheit und Demut berufen. Die Kirche muß aber auch den Armen helfen. Das bedeutet, daß man materielle Mittel zusammenbringen, sich mit den Mächtigen dieser Erde an einen Tisch setzen muß, um die Rechte der Armen zu verteidigen. Das aber kann für die Kirche hinderlich sein, sich wirklich als arm und demütig vorzustellen. Es ist schwer, hier die richtigen Wege zu finden. Auf jeden Fall ist ein Gleichgewicht vonnöten: Die Kirche muß Demut und Armut wählen, weil Jesus so gelebt hat. Sie muß aber auch mit allen zur Verfügung stehenden Mitteln den Armen dienen, ebenfalls weil Jesus das vorgelebt hat. Nur ausgehend vom Beispiel Jesu können wir verstehen, was unser richtiger Einsatz für die Armen ist.

Bitten wir Maria um ihre Fürsprache, daß wir stets Einfachheit und Demut lieben, um so den Armen, Gedemütigten und Verfolgten dieser Erde beistehen zu können, und zwar mit der ganzen Kraft und aller Liebe, die wir zu Jesus haben.

Prüfungen Davids – Bedrängnisse Jesu

„O Herr, denk an David, denk an all seine Mühen" (Ps 132, 1). Man könnte auch übersetzen: „O Herr, denk an David, denk an all seine *Prüfungen.*" Diese Prüfungen bzw. Schwierigkeiten sind es, die Gott benutzt, um über sie und mit ihnen dem Messias den Weg zu bereiten. So „stellt er für seinen Gesalbten ein Licht auf, bedeckt seine Feinde mit Schande ..." (vgl. VV. 17–18).

„Hilf uns, Gott, unser Vater, die Prüfungen des David besser zu verstehen, zu begreifen, in welchen Leiden und Schwierigkeiten er war. Laß uns seinen Kampf gegen die Feinde und den Kampf der Feinde gegen ihn besser erkennen, um so bereitet zu werden für die Leiden und Prüfungen, denen sich dein Sohn Jesus Christus, der König von Ewigkeit her, unterzogen hat. In ihm wolltest du unser Menschsein reinigen. Deshalb kannst du allein die Gnade schenken, das Kreuz zu meditieren. Das alles erbitten wir, Vater, durch Christus, unsern Herrn."

Diese Betrachtung ist der Übergang von der zweiten zur dritten Woche in den Exerzitien des heiligen Ignatius. Wir wollen versuchen, uns von Christus ganz in Besitz nehmen zu lassen (vgl. Phil 3, 12), um stets mit ihm vereint zu sein. Wie gewohnt, beginnen wir mit Schrifttexten, die Aussagen zu unserem Thema enthalten.

1. Prüfungen Davids

Die Berichte über die Prüfungen Davids machen einen großen Teil der Samuelbücher aus. Schon die Überschriften in den verschiedenen Bibelausgaben sind diesbezüglich bezeichnend. Man wird die Prüfungen des David aufteilen dürfen in ganz persönliche, politische und familiäre Prüfungen.

1. *Persönliche Prüfungen.* Saul wird als ein Mensch beschrieben, der häufig schrecklichen existentiellen Ängsten ausgesetzt ist. Demgegenüber ist David keiner, den schwere Versuchungen, Ängste oder Zweifel plagen. Viel eher ist er ein Optimist, der immer nach einem Ausweg Ausschau hält und sich auch hoffend Gott überläßt.

Das ist das Gesamtbild. Es gibt aber auch Ausnahmesituationen in seinem Leben. Besonders möchte ich auf 1 Sam 30, 3–6 verweisen. Die Amalekiter waren in den Negeb und in Ziklag eingefallen. David war gerade nicht dort. Als er zur Stadt kommt, sieht er sie in Flammen und macht sich deshalb Vorwürfe, das Geschehen nicht verhindert zu haben. „Da brachen David und die Leute, die bei ihm waren, in lautes Weinen aus, und sie weinten, bis sie keine Kraft mehr zum Weinen hatten. Auch die beiden Frauen Davids, die Jesreeliterin Ahinoam und Abigail, die frühere Frau Nabals aus Karmel, waren gefangengenommen worden. *David geriet in große Bedrängnis,* denn das Volk drohte ihn zu steinigen. Alle im Volk waren gegen ihn erbittert wegen des Verlustes ihrer Söhne und Töchter. Aber David fühlte, daß der Herr, sein Gott, ihm Kraft gab" (VV. 4–6).

Die Bedrängnis – oder Angst, wie sich auch übersetzen läßt – ist nicht einfach ein Schmerz. David ist verzweifelt, weil das Volk ihn steinigen will. Auch Mose hatte die Verantwortung für das Volk, das sich gegen ihn auflehnte, als große Last empfunden. David aber findet

Rettung und Hilfe für sich in der Zuflucht zu Gott. Von ihm erbittet er Rat (V. 8).

Um aber die Prüfungen Davids noch besser zu verstehen, sollten wir die Psalmen befragen, etwa *Psalm 42*. Er wird dem David nicht persönlich zugeschrieben, ist aber dem Psalm 63 sehr ähnlich: „Tränen waren mein Brot bei Tag und bei Nacht, denn man sagt zu mir den ganzen Tag: Wo ist nun dein Gott? Das Herz geht mir über, wenn ich daran denke, wie ich zum Haus Gottes zog in festlicher Schar, mit Jubel und Dank in feiernder Menge. Meine Seele, warum bist du betrübt und bist so unruhig in mir? ... Betrübt ist meine Seele in mir, darum denke ich an dich ... Ich sage zu Gott, meinem Fels: Warum hast du mich vergessen? Warum muß ich trauernd umhergehen, von meinem Feind bedrängt? ... Meine Seele, warum bist du betrübt und bist so unruhig in mir?"

David erfährt in diesen Prüfungen ein Zweifaches. Da ist auf der einen Seite die *Einsamkeit*. David fühlt sich unverstanden und verlassen. Sicher gibt es für jeden von uns ähnliche Augenblicke im Leben. Deshalb können uns die Psalmen ein wirklicher Trost sein, weil in ihnen diese Befindlichkeit so existentiell angesprochen ist und weil sie uns auch helfen, sie zu überwinden. Es wird berichtet, daß der heilige Karl Borromäus, ein sehr mutiger Mann und starker Charakter, einmal zu Pferd mit seinem viel jüngeren Vetter Friedrich unterwegs war. Dieser fragte ihn ganz unvermittelt: „Was tust du eigentlich in Situationen, die dich in Angst und Schrecken versetzen?" Der Heilige nahm ein Büchlein mit den Psalmen aus der Tasche und antwortete: „Ich lese die Psalmen."

Auf der anderen Seite empfindet David sehr stark, daß er *Feinde* hat, Menschen, die ihm übelwollen. Vielleicht erschien es uns von Jugend auf seltsam, daß die Psalmen soviel von „Feinden, die mich umgeben" reden, von Feinden, die lachen und höhnen. Mit der Zeit wird uns aufgegangen sein, daß es wirklich Menschen gibt, die gegen uns aufstehen, ob wir daran Schuld haben oder nicht.

Die Psalmen kommen immer wieder darauf zurück: „Verschaff mir Recht, o Gott, und führe meine Sache gegen ein treuloses Volk! Rette mich vor bösen und tückischen Menschen!" (Ps 43, 1) Das ist keine Aburteilung anderer Menschen. Vielmehr wird Gott gebeten, er möge uns doch helfen, wenn wir uns in schwierigen Situationen befinden und nicht wissen, warum Menschen uns gegenüber so feindlich auftreten.

2. *Politische und soziale Prüfungen*. Solche Situationen kommen von Anfang der Davidsgeschichte an auf jeder Seite vor.

– *1 Sam 18,* 7 ist (so J. D. Barthélemy) die Schlüsselaussage zum Verständnis des folgenden: „Die Frauen spielten und riefen voll Freude: Saul hat Tausend erschlagen, David aber Zehntausend." Dieses Lied ist der Beginn vieler Bedrängnisse, denn Saul gerät über es in großen Zorn. Vielleicht will uns die Heilige Schrift damit auch sagen, daß man jedem Lob gegenüber vorsichtig sein soll. Lob wird oft mißverstanden, es führt zu Eifersüchteleien. Man denke nur an die Intrigen um die Thronfolge nach dem Tod Sauls.

– David wartet. Er vertraut auf das Wort Gottes. Er tut nichts, um König zu werden, tötet auch den Saul nicht. Er verteidigt sich, so gut er kann. Um zu überleben, begibt er sich sogar in die Knechtschaft der Philister. Er ist so aufrecht und frei vor Gott, daß er zu den Philistern Verbindung aufnehmen kann – den Feinden Israels! –, ohne sein Volk zu verraten. Saul verbohrt sich in seinen eigenen Vorstellungen, David hingegen stellt sich kein „Problem Zukunft". Er überläßt die Zukunft allein Gott. Das macht seine Weisheit, Freiheit und Beweglichkeit aus.

Für diese Zusammenhänge sind *1 Sam 28 und 29* von besonderer Bedeutung. Die Philister versammeln ihr

Heer, um zusammen mit David gegen das Volk Gottes zu kämpfen. Der weiß nicht, was er tun soll, hatte er doch noch nie Probleme dieser Art. Achisch sagt ihm, er müsse wohl mit allen seinen Männern mit ins Lager ziehen. David antwortet ihm: „Du wirst selbst erfahren, was dein Knecht tut!" David möchte sich also bedeckt halten. Er vertraut auf Gott, hofft, es möchten Ereignisse eintreten, die ihn davon entbinden, gegen sein Volk zu kämpfen. Aber Achisch sagt ihm: „Gut, ich mache dich für diese ganze Zeit zu meinem Leibwächter" (V. 2).

Wir wissen, daß in der Tat die Vorsehung eingegriffen hat. Die Philister versammeln ihr ganzes Heer bei Afel, dann möchten sie Auskünfte über die Hebräer und besonders über David haben. Achisch antwortet den Obersten der Philister: „Das ist doch David, der Knecht Sauls, des Königs von Israel, der seit Jahr und Tag bei mir ist. Seit dem Tag, da er übergelaufen ist, bis heute fand ich bei ihm nichts Nachteiliges." Über diese Auskunft sind die Obersten der Philister jedoch zornig. Sie sagen zu Achisch: „Schick den Mann zurück! Er soll an den Ort zurückkehren, den du ihm zugewiesen hast, und nicht mit uns in den Kampf ziehen. Dann kann er sich in der Schlacht nicht gegen uns wenden" (29, 3–4). Achisch ruft also David zu sich und heißt ihm umkehren, um die Fürsten der Philister nicht zu verstimmen. Das kommt alles ganz plötzlich. Der Text gibt der Reaktion Davids fast einen ironischen Beiklang: „Was habe ich denn getan? Was hast du an deinem Knecht auszusetzen gehabt von dem Tag an, an dem ich in deinen Dienst getreten bin, bis heute? Warum darf ich nicht mitkommen und gegen die Feinde meines Herrn, des Königs, kämpfen?" Achisch erwidert dem David: „Gewiß, mir bist du teuer wie ein Engel Gottes. Aber die Obersten der Philister haben gesagt: Er soll nicht mit uns in den Kampf ziehen" (VV. 8–9). In der Folge schlagen die Philister Israel. Sie fliehen auf das Gebirge von Gilboa, wo auch Saul getötet wird. David hat keinen Finger gegen sein Volk gerührt. Es ist, als wolle die Heilige Schrift unterstreichen, daß man auch inmitten von Feinden Gott und seinem Volk gegenüber treubleiben kann.

3. *Familiäre Prüfungen.* Sie spielen eine wichtige Rolle im Leben des David, besonders gegen Ende seines Lebens. Seine Familie, die er sehr liebt, ist das Opfer königlicher Machenschaften, von Streit zwischen den Geschwistern und von allerlei Mißgunst. Es gelingt dem David nicht, die Familie zusammenzuhalten. Das ist die eigentliche Tragödie für diesen leidenschaftlichen und großherzigen Mann. Mit dem Tod seines Sohnes Abschalom erreicht sie ihren Höhepunkt. Er tut alles, um nicht gegen ihn kämpfen zu müssen, ja, um überhaupt nichts von den Intrigen zu erfahren. Als ihn die Todesnachricht erreicht, bricht er in lautes Klagen aus: „Mein Sohn Abschalom, mein Sohn, mein Sohn Abschalom! Wäre ich doch an deiner Stelle gestorben, Abschalom, mein Sohn, mein Sohn!" (2 Sam 19, 1 ff) Dieses Klagen des Königs zeigt uns, wie in der Sicht der Bibel das Herz in allem den Vorrang hat. Deshalb ist diese Stelle eine der ganz großen des Alten Testamentes. Weder Ruhm des Königs noch Staatsräson können von gleichem Gewicht sein.

Diese Klage ist aber auch prophetisch. Sie nimmt die Worte Jesu vorweg, der jedem von uns zuruft: Mein Sohn, du hast Böses getan durch deine Sünden. Ich will an deiner Stelle sterben!

2. *Davids Bedrängnisse in unserer Meditation*

In unseren vorherigen Überlegungen hatten wir erkannt: Königsherrschaft und messianischer Anspruch werden auch in Leiden und Prüfungen wahrgenommen und ausgeübt. David besteht die Prüfungen, in die er gestellt wird, gläubig, liebend und mit Gottvertrauen.

Messianität hat Licht und Glanz bei sich, aber auch Finsternis und Schatten. Königliche Herrschaft wird oft im Leiden für andere ausgeübt. Wenn David leidet, dann leidet er als Repräsentant und Symbolfigur für ganz Israel. Auf diese Wirklichkeiten fällt ein helles Licht durch Worte des Propheten Jesaja: „Er wurde verachtet und von den Menschen gemieden, ein Mann voller Schmerzen, mit Krankheit vertraut." Diese Worte beziehen sich auf das Königtum Jesu entsprechend dem Modell Davids. Kann ein solcher Mensch der Retter sein?" Er hat unsere Krankheit getragen und unsere Schmerzen auf sich geladen. Wir meinten, er sei von Gott geschlagen, von ihm getroffen und gebeugt. Doch er wurde durchbohrt wegen unserer Verbrechen, wegen unserer Sünden zermalmt. Zu unserem Heil lag die Strafe auf ihm, durch seine Wunden sind wir geheilt" (Jes 53, 3–5).

Diese geheimnisvollen Worte sind aus dem Nachdenken über die großen Leiden des Propheten selbst, sicher aber nicht ohne Bezug auf David. „Wer hat unserer Kunde geglaubt? Der Arm des Herrn – wem wurde er offenbar? Vor seinen Augen wuchs er auf wie ein junger Sproß, wie ein Wurzeltrieb aus trockenem Boden" (Jes 53, 1–2). Der Wurzeltrieb ist der, der aus dem Baumstumpf Isais wächst. Der Geist des Herrn läßt sich auf ihm nieder (vgl. Jes 11, 1–2). Aus Liebe zu seinem Volk unterwirft er sich Prüfungen und Leiden. Israel kann so erkennen, daß der von Gott erwählte König leiden muß – leiden aus Liebe zu seinem Volk.

In den Verheißungen des Jesaja liegt auch eine Antwort auf die Frage, mit der *Psalm 89* abschließt: „Herr, wo sind die Taten deiner Huld geblieben, die du David in seiner Treue geschworen hast? Herr, denk an die Schmach deines Knechtes! Im Herzen brennt mir der Hohn der Völker, mit dem deine Feinde mich schmähen, Herr, und die Schritte deines Gesalbten verhöhnen" (VV. 50–52). Dieses Leiden, so sagt Jesaja, hat schon David, der von Gott geliebte und auserwählte König, in seine Berufung integriert. Um ein Leiden für das Volk handelt es sich.

3. Bedrängnisse Jesu

Der heilige Ignatius sagt uns in der dritten Woche seiner Exerzitien, daß es zum „Sein-mit-Christus" gehört, auch mit seinen Bedrängnissen vereint zu sein. Wir wollen diese Gnade erbitten, um so Christus, den ewigen König und Davidssohn, besser zu erkennen.

Wir folgen der Gliederung des vorigen Abschnittes.

1. *Persönliche Bedrängnisse Jesu.* Ähnlich wie bei David gibt es nicht sehr viele Texte, die von inneren Erfahrungen Jesu reden. Einige sind aber von ganz besonderer Aussagekraft.

– *Mk 8, 12.* Die Pharisäer fordern ein Zeichen vom Himmel. „Da seufzte er tief auf und sagte: Was fordert diese Generation ein Zeichen?" Kummer und Enttäuschung kommen noch öfters vor:

– *Mk 9, 19.* Ein besessener Junge wird zu Jesus gebracht. Die Jünger haben ihn nicht heilen können. Jesus ruft aus: „Oh du ungläubige Generation! Wie lange muß ich noch bei euch sein? Wie lange muß ich euch noch ertragen?" Es ist ganz ungewöhnlich, von Jesus zu hören: Ich habe genug von euch!

– *Mk 14, 33–34* ist eine besonders bewegende Szene. Nach der Einsetzung der Heiligen Eucharistie begibt sich Jesus nach Getsemani auf den Ölberg. Petrus, Jakobus und Johannes nimmt er mit sich. Da heißt es: „Da ergriff ihn Furcht und Angst." Er sagt zu den drei Jüngern: „Meine Seele ist zu Tode betrübt. Bleibt hier und wacht!"

Furcht, Angst, Trauer. Jesus befindet sich im Augenblick größter Verlassenheit. Er bittet uns Menschen, nicht wegzulaufen, sondern bei ihm zu bleiben.

– Das Neue Testament nimmt viele Psalmen auf, um die persönliche Bedrängnis Jesu zu beschreiben. Ein Beispiel: „Ich bin hingeschüttet wie Wasser, gelöst haben sich all meine Glieder. Mein Herz ist in meinem Leib wie Wachs zerflossen. Meine Kehle ist trocken wie eine Scherbe, die Zunge klebt mir am Gaumen. Du legst mich in den Staub des Todes..." (Ps 22, 15–16). Es handelt sich hier um innere und äußere Bedrängnis in einem, eine Bedrängnis, die weder reden noch sprechen läßt. Jeder sollte ganz persönlich diese Situation Jesu bedenken.

2. *Politische und soziale Prüfungen.* Von Anfang an gerät Jesus in Konflikt mit den politischen und religiösen Führern. Keiner hat ihn verstanden, mindestens haben sie ihm das Leben unbequem gemacht.

– In diesem Zusammenhang ist bedeutsam, wie die *Apostelgeschichte* den Psalm 2 auslegt. „Herr, du hast den Himmel, die Erde und das Meer geschaffen und alles, was dazugehört. Du hast durch den Mund unseres Vaters David, deines Knechtes, durch den Heiligen Geist gesagt: Warum toben die Völker, warum machen die Nationen vergebliche Pläne? Die Könige der Erde stehen auf und die Herrscher haben sich verbündet gegen den Herrn und seinen Gesalbten." Der Text fährt fort: „Wahrhaftig, verbündet haben sich in dieser Stadt gegen deinen heiligen Knecht Jesus, den du gesalbt hast, Herodes und Pontius Pilatus mit den Heiden und den Stämmen Israels, um alles auszuführen, was deine Hand und dein Wille im voraus bestimmt haben" (Apg 4, 24–18).

Jesus hat nichts gegen die Obrigkeit. Niemals macht er von seiner Popularität Gebrauch, um das Volk gegen sie aufzubringen, niemals verweigert er den Gesetzen Gehorsam. Warum ihn die Führer des Volkes ablehnen und schließlich seine Kreuzigung herbeiführen, bleibt letztlich unerklärlich, es sei denn, man begreift es im Licht des göttlichen Heilsplans.

– Jesus läßt sich von der Obrigkeit auch nicht aufhalten. Am Ende seiner Rede in der Synagoge von Nazaret will man ihn vom Abhang hinunterstürzen, „er aber schritt mitten durch die Menge hindurch und ging weg" (Lk 4, 30). Der Evangelist will symbolisch beschreiben, wo der Standort Jesu in dieser Welt ist: Er schreitet „mitten hindurch". Weder geht er gegen die Obrigkeit an noch leistet er aktiven oder passiven Widerstand. Er läßt sich allein vom Sinn und Zweck seines Lebens leiten, unbeschadet der Schwierigkeiten, die man ihm macht. Als die Ablehnung so weit geht, daß man ihn zum Tode verurteilt, nimmt er das an.

Dem entspricht, wie er sich konkret zu Herodes, einem Vertreter von Obrigkeit, verhält. „Zu dieser Zeit kamen einige Pharisäer zu ihm und sagten: Geh weg, verlaß dieses Gebiet, denn Herodes will dich töten. Er antwortete ihnen: Geht und sagt diesem Fuchs: Ich treibe Dämonen aus und heile Kranke, heute und morgen, und am dritten Tag werde ich mein Werk vollenden. Doch heute und morgen und am folgenden Tag muß ich weiterwandern, denn ein Prophet darf nirgendwo anders als in Jerusalem umkommen" (Lk 13, 31–33).

David versteht es, mit den Feinden Beziehungen aufzunehmen, falls diese für ihn und für sein Volk nützlich sein konnten. Jesus vollendet diese Einstellung noch. Er weiß, daß die Feindlichkeit der Gegner ihn seinem Lebensziel näherbringt.

3. *Familiäre Prüfungen.* Die Verwandten Jesu verstehen ihn nicht, stützen ihn nicht, trösten ihn nicht. *Mk 3, 20–21:* Als die Angehörigen hören, daß er wegen der großen Menschenmasse nicht einmal essen kann, sagen sie: „Er ist von Sinnen!"

Nach *Joh 7* zieht Jesus vor dem Laubhüttenfest in Galiläa umher. „Da sagten seine Brüder zu ihm: Geh von hier fort und zieh nach Judäa, damit auch deine Jünger die Werke sehen, die du vollbringst. Denn niemand wirkt im Verborgenen, wenn er öffentlich bekannt sein möchte. Wenn du dies tust, zeig dich der Welt!" (VV. 3–4) Seine Brüder verstehen ihn nicht. Sie erwarten von ihm eine königliche Herrschaft nach der Art des Saul, gekennzeichnet durch Erfolg, Ehre und Ansehen.

– Es gibt noch einmal einen großen Kummer für Jesus, der letztlich auf das Unverständnis jener zurückgeht, die er „Bruder, Schwester und Mutter" nennt (vgl. Mk 3, 35); mit denen er sozusagen einen besonderen Bund geschlossen hat. *Mk 8, 17 ff:* „Was macht ihr euch darüber Gedanken, daß ihr kein Brot habt? Begreift und versteht ihr immer noch nicht? Ist denn euer Herz verstockt? Habt ihr denn keine Augen, um zu sehen, und keine Ohren, um zu hören? Erinnert ihr euch nicht: Als ich die fünf Brote für die Fünftausend brach?" Dieser Abschnitt bringt besonders deutlich zum Ausdruck, wie sehr Jesus unter dem Unverständnis der Jünger leidet.

Mk 14, 18 ff beschreibt, wie sehr auch die Freundschaft, die Jesus geschenkt hat, scheitert. Da ist der Verrat des Judas, die Flucht der Jünger, die Verleugnung des Petrus. Die liebsten Freunde verlassen ihn, keiner bleibt, um ihm in seiner schwersten Prüfung zu helfen. Jesus hat wohl unter zwei Wirklichkeiten besonders gelitten: Unter der *Erfolglosigkeit seiner Predigt* und unter dem *Scheitern seiner Freundschaft*. Seine Jünger hatten noch nicht mit wirklicher Herzensbereitschaft seine Botschaft aufgenommen. So mußte er sein Leben dahingeben. Man kann die Kernaussage des Evangeliums sogar von daher formulieren: Der Sohn Gottes gibt sein Leben hin, damit die Menschen begreifen, was es mit der Liebe des Vaters auf sich hat.

4. Hinweise für die Meditation

Das Geheimnis des Lebens Jesu erhellt sich mehr und mehr. Dieses Leben endet mit dem Tod am Kreuz. Das kann man sich auch von *Jes 53* her klarmachen, wenn man die Stelle mit direktem Bezug auf Jesus liest: „Doch der Herr fand Gefallen an seinem zerschlagenen Knecht, er rettete den, der sein Leben als Sühnopfer hingab. Er wird Nachkommen sehen und lange leben. Der Plan des Herrn wird durch ihn gelingen. Nachdem er so vieles ertrug, erblickt er das Licht. Er sättigt sich an Erkenntnis. Mein Knecht, der gerechte, macht die vielen gerecht, er lädt ihre Schuld auf sich. Deshalb gebe ich ihm seinen Anteil unter den Großen, und mit den Mächtigen teilt er die Beute, weil er sein Leben dem Tod preisgab und sich unter die Verbrecher rechnen ließ. Denn er trug die Sünden von vielen und trat für die Schuldigen ein" (VV. 10–12).

Durch sein Leiden hat Jesus erreicht, was er durch seine Predigt nicht zu erreichen vermochte. Schwierigkeiten aller Art umgaben ihn, politische wie familiäre, aber durch seinen Tod wurde ihm alles zurückgelegt in seine Hände.

In der Meditation können wir die Anregung des heiligen Ignatius folgen und „betrachten, was ich für Christus getan habe, was ich für Christus tue, was ich für Christus tun soll" (Nr. 53 im Exerzitienbuch).

Vielleicht hören wir als Antwort von Jesus die Worte, die David an Abschalom richtet: „Wäre ich doch an deiner Stelle gestorben, mein Sohn!" Wir wollen fragen: Sag mir doch, Herr, was soll ich für dich leiden und für dich tun? (vgl. ebd., Nr. 197)

Seelsorgerliche Geduld

Homilie

„Schenke uns, o Herr, das rechte Verständnis für das Gleichnis vom Unkraut unter dem Weizen, damit wir es nicht zu oberflächlich auslegen oder in einer Weise, die uns am bequemsten erscheint. Es wurde ja sehr unterschiedlich interpretiert in der Geschichte der Kirche. So bist allein du es, der das rechte Licht senden kann. Wir möchten jenes Verstehen gewinnen, das mit dir selbst zu tun hat, mit deinem Herzen und deinem Leben."

Nach dem Gleichnis vom Sämann erzählt Jesus jenes vom Unkraut unter dem Weizen (Mt 13,24–30). Man kann es mühelos in zwei Teile teilen.

– Im ersten Teil werden einfach Fakten beschrieben. Mit dem Himmelreich ist es wie mit einem Mann, der guten Weizen auf seinen Acker säte. In der Nacht kommt der Feind und sät Unkraut unter den Weizen. Als nun die Saat aufgeht und sich die Ähren bilden, kommt auch das Unkraut zum Vorschein (VV. 24–26).

– Der zweite Teil ist von zwei Fragen der Knechte und von zwei Antworten des Herrn bestimmt. Die Knechte fragen, woher denn das Unkraut auf dem Feld kommt. Sie erfahren, daß dies der Feind getan habe. Dann fragen sie, was sie denn jetzt tun sollten. Der Herr weist sie an, sie sollten Weizen und Unkraut bis zur Ernte wachsen lassen, um nicht zusammen mit dem Unkraut auch den Weizen auszureißen (VV. 27–30).

1. Ganz allgemein gesagt, will das Gleichnis uns lehren, daß nicht alles nach unseren Plänen geht. Das betrifft auch die Seelsorge. Man soll richtig säen, aber damit ist nicht schon der Erfolg garantiert. Trotzdem ist

da noch ein Unterschied zum vorherigen Gleichnis. Dort waren Kräfte der Natur am Werk, die den Mißerfolg herbeiführten: Vögel, felsiger Boden, Dornen; hier spielt sich das Drama sozusagen unter Menschen ab.

Freilich bleibt die Grundfrage dieselbe: Wie ist es möglich, daß Unkraut wächst? Wie kann es sein, daß im Reich Gottes nicht jene Früchte wachsen, die man erwartet? Warum hat Jesus mit seiner Verkündigung keinen Erfolg? Wer ist schuld? Der Herr, von dem die Erzählung redet, versichert sich, daß der Samen gut war. Das Wachsen des Unkrauts ist nicht auf mangelnde Sorgfalt des Sämanns zurückzuführen, sondern auf den bösen Feind.

Die Kirche ist kein elektronischer Apparat, dessen Gebrauchsanweisung man nur kennen muß, um sie zum perfekten Funktionieren zu bringen. Das gilt sowohl für die Seelsorge im engeren Sinn als auch für Unterricht und Katechese. Es gibt deshalb nicht stets die erwarteten Früchte, weil das Leben der Kirche ein ständiger Kampf ist mit dem großen Gegner. In den Psalmen ist auch deshalb von Feinden die Rede, weil wir uns immer wieder klarmachen müssen, daß menschliches Leben keine ruhige, gradlinige Entwicklung ist. Wir müssen mit dem Bösen rechnen. In den Jahren des Noviziates dachten die Ordensleute unter uns vielleicht an ein kontinuierliches Wachstum in den Tugenden und im geistlichen Leben überhaupt. Dann haben sie erkennen müssen, daß sie sich in einem ständigen geistlichen Kampf befinden, in dem die Finsternis versucht, alles Licht auszulöschen.

2. Die zweite Frage der Knechte ist besonders schwer zu beantworten: *Was sollen wir tun?* Die Antwort umschließt viele Möglichkeiten und Modelle des Handelns.

Man könnte den gesamten göttlichen Heilsplan in Frage stellen, könnte sagen: Warum beseitigt der liebe Gott nicht einfach alles Böse aus dieser Welt? Darauf sagt uns die Schrift, daß der Heilsplan Gottes erst am Ende offenbar werden wird. Wir wissen nicht, was es heißt, Kinder Gottes zu sein, wenn wir nicht auch wissen, was es mit den „Söhnen der Finsternis" auf sich hat. Wir befinden uns in einer Heilsordnung des Übergangs. Viel Geduld ist hier notwendig. Wir müssen geduldig sein und warten, sagt der Herr des Hauses. Dort, wo Jesus von der brüderlichen Zurechtweisung redet (vgl. Mt 18, 15 ff), sagt er uns auch, man dürfe einen Bruder als Heiden und Sünder ansehen und ihn sogar aus der Gemeinschaft ausschließen, wenn man ihn mehrfach ermahnt hat, er jedoch nicht hört. In unserem Gleichnis aber wird gesagt, wir sollen das Unkraut wachsen lassen ...

Ich meine, als Kirche sollten wir viel pastorale Geduld aufbringen, so, wie Gott es selber tut. Das heißt nicht, alles einfach unterschiedslos hinzunehmen. Auch ein Paulus und ein Evangelist Johannes haben harte Worte für jene gefunden, die die Botschaft Jesu verfälschen. Man kann also nicht mit mathematischer Sicherheit Lösungen aus der Parabel ableiten. Besser ist es vielleicht, einmal zu fragen, wie das Gleichnis in der Geschichte der Kirche gelebt wurde. Da denke ich an den heiligen Augustinus. Er mußte sich in seiner Bischofsstadt Hippo gegen jene verteidigen, die meinten, er solle strenger auftreten (die Stimme der Knechte!).

Die „Knechte" gibt es immer. Manchmal sind es die „Reinen" in der Kirchengeschichte, manchmal die „Eiferer" oder die „Elitären". Grundeinstellung bei ihnen allen war und ist: Man soll die Kirchentüren geschlossen halten und nur die drinnen dulden, die wirklich zum Glauben und zu Opfern für diesen Glauben entschieden sind. Die Bischöfe tun sich da schwer. Sie bewundern die „Eiferer", die für ein schönes und heiliges Antlitz der Kirche streiten. Wäre es aber recht, nur auf eine kleine Herde zu bauen und die anderen wegzuschicken? Der heilige Augustinus lebte am Ende des vierten und zu Beginn des fünften Jahrhunderts in einer Situation, die in manchem der unseren ähnelt. Viele verlangten nach der Taufe, weil es modern war, Christ zu sein, und weil die Christen viele Privilegien in der Gesellschaft von damals hatten. Auch in der Gemeinde von Hippo gab es Leute, die häufig, und solche, die weniger häufig zur Kirche kamen. Andere setzen nicht ins Leben um, was sie als Lehre empfangen hatten. Augustinus war sich darüber im klaren, daß viele nur eine Last sind für die Kirche. Was tut er? Er meditiert das Gleichnis vom Weizen und vom Unkraut und beschließt, zu warten und Geduld zu haben; den Leuten einfach zu helfen, auch wenn man keine großen Resultate wahrnahm. Zu dieser Entscheidung kam er weder aus Bequemlichkeit noch aus Faulheit, sondern aus großem Vertrauen in Gottes Langmut.

3. Ich meine, wir müssen viel beten und nachdenken, um zu begreifen, welche Auslegung das Gleichnis in einer bestimmten Zeit der Kirchengeschichte braucht. Die konkrete Entscheidung muß dann die Kirche durch ihre Hirten verantwortlich treffen. Ganz sicher wird es immer Auseinandersetzungen zwischen der „Elite" und den eher Geduldigen geben. Die Hirten müssen den rechten Weg finden, wie ihn der heilige Augustinus zu seiner Zeit gesucht hat. Das muß nicht immer der Weg größtmöglicher Milde sein, auf dem alles erlaubt ist. Es genügt schon, sich dem Urteil Gottes anzuvertrauen. Der Weizen soll ja doch wachsen können! Für unsere Zeit gefällt mir der Weg, den der heilige Augustinus gegangen ist, sehr.

Bitten wir den Herrn, er möge uns sein Licht senden, damit wir das richtige Gleichgewicht finden zwischen Strenge und Härte auf der einen Seite und süßlicher Milde auf der anderen Seite. Nur so werden wir dem Evangelium gerecht, das seine lebendige Kraft ist und ein Zeugnis göttlicher Liebe.

Zwölfte Meditation

Das Kreuz des Auferstandenen – Schlüssel der Geschichte

„Herr, unser Gott und Vater! Wir bitten dich um die rechte Erkenntnis des Kreuzes deines Sohnes.

Laß uns ihn betrachten, so wie ihn Johannes betrachtet hat, der treue Zeuge; die ersten Christen; der heilige Stephanus in den letzten Augenblicken seines Lebens. Laß uns, guter Vater, auf die Herrlichkeit schauen, die du deinem Sohn geschenkt hast und die vom Kreuz herabstrahlt. Laß uns an der gläubigen Schau aller heiligen Väter der Kirche teilhaben, an der Schau der Heiligen und der Mystiker aller Zeiten, die ihr Leben hingegeben haben für den Glauben und denen vergeben haben, die ihnen Böses zufügten. Darum bitten wir durch unsern Herrn Jesus Christus, der seinen Feinden vergeben hat. Wir bitten durch diesen Jesus, der der Messias ist. Von ihm bekennen wir, daß er mit dir lebt und regiert in der Einheit des Heiligen Geistes in Ewigkeit. Amen."

Schon die vorherige Betrachtung hat unseren Blick auf Passion und Kreuz gelenkt. Dieser Wirklichkeit können wir uns nur betend öffnen, dazu vielleicht einen kurzen Bibelabschnitt lesen. Ich möchte nur ein paar Anmerkungen zu einem Abschnitt aus dem *Hebräerbrief* machen, mit dem wir uns schon befaßt haben. Alle unsere Überlegungen laufen letztlich darauf hinaus, die Christologie jenes Briefes zu erklären. So werden wir – im Anschluß an die Exerzitien des heiligen Ignatius – zur Erkenntnis des göttlichen Willens kommen, der in Jesus Christus, dem ewigen König, aufstrahlt.

Sehen wir uns einmal die beiden ersten Verse von Kapitel 12 jenes Briefes an! „Da uns eine solche Wolke von Zeugen umgibt, wollen auch wir alle Last und die Fesseln der Sünde abwerfen. Laßt uns mit Ausdauer in dem Wettkampf laufen, der uns aufgetragen ist, und dabei auf Jesus blicken, den Urheber und Vollender des Glaubens. Er hat angesichts der vor ihm liegenden Freude das Kreuz auf sich genommen, ohne auf die Schande zu achten, und sich zur Rechten von Gottes Thron gesetzt" (Hebr 12, 1–2).

Der gesamte Text (vgl. auch VV. 3–4) ist eine Mahnung und Botschaft für eine Gemeinde, die in Gefahr ist, sich nur noch mit sich selbst zu befassen und daher zu verkümmern. Diese Gemeinde konnte nicht erkennen, daß und wie sich die Hoffnungen der Anfänge verwirklicht hatten. Man fragte sich deshalb, ob man auf dem rechten Weg sei. Der Verfasser lädt dazu ein, auf der eingeschlagenen Bahn zu verbleiben und nicht nachzulassen.

Schon rein sprachlich stellt der Brief den Namen Jesus in den Mittelpunkt. Jede Wirklichkeit läuft auf ihn hin und kommt von ihm her. Gleich zu Anfang wird uns gesagt, daß er „der Abglanz seiner (Gottes) Herrlichkeit und das Abbild seines Wesens" ist (1, 3).

Jesus ist der schon im Alten Testament und auch von David Verheißene, der alle Grundhaltungen und Eigenschaften zur Vollendung bringt, die den von Gott so geliebten und ausersehenen König David ausgezeichnet hatten. Wir wollen bei dieser christologischen Perspektive verbleiben, uns dabei vor allem auf 12, 1–2 – gleichsam das Schlüsselwort – konzentrieren.

1. Einführung

Für den Hebräerbrief ist Jesus ganz eindeutig *der Sohn*, durch den Gott in dieser Endzeit gesprochen hat. Er ist der Erbe, der das All durch sein machtvolles Wort trägt (vgl. 1, 1–14). Auf ihn zielen alle Verheißungen. Er ist Mensch und überragt doch alle anderen Menschen.

Die alttestamentlichen Verheißungen, die der Brief aufnimmt und zitiert, liegen alle im Umfeld der Davidsverheißung: „Denn zu welchem Engel hat er jemals gesagt: Mein Sohn bist du, heute habe ich dich gezeugt ..., ich will für ihn Vater sein, und er wird für mich Sohn sein?" (1, 5) Der erste Teil repräsentiert jene prophetische Tradition, die in *Psalm 110* zum Ausdruck kommt und von Jesus selbst mit David in Zusammenhang gebracht wird: „Wie kann ihn ... David, vom Geist erleuchtet, Herr nennen? Denn er sagt: Der Herr sprach zu meinem Herrn: Setze dich mir zu Rechten, und ich lege dir deine Feinde unter die Füße" (Mt 22, 43).

Der zweite Teil der Hebräerbriefstelle nimmt *2 Sam 7, 14* auf: „Ich will für ihn Vater sein, und er wird für mich Sohn sein."

Eine weitere Anspielung an jene Davidstradition – an *Psalm 45* – stellen wir in Vers 8 fest: „Dein Thron, o Gott, steht für immer und ewig ... Das Zepter seiner Herrschaft ist ein gerechtes Zepter." Auch Vers 13 ist zu beachten: „Zu welchem Engel hat er jemals gesagt: Setze dich mir zur Rechten, und ich lege dir deine Feinde als Schemel unter die Füße?" Hier kommt also wieder *Psalm 110* in den Sinn, den auch Petrus zitiert, um aufzuweisen, daß David Vorbild Jesu ist und personifizierte Verheißung Jesu (vgl. Apg 2, 34–35). So können wir verstehen, wer Jesus ist, den die ersten Verse aus Kapitel 12 vorstellen: Er ist Erfüllung der davidischen, messianischen und prophetischen Hoffnungen des Alten Testamentes.

2. Die Wolke von Zeugen

In den öfters genannten Versen ist zuerst von einer „Wolke von Zeugen" die Rede. Was bedeutet diese Wendung? Wir haben es bereits angedeutet, doch nun soll es erklärt werden. Es handelt sich um jene vielen Zeugen, von denen Kapitel 11 redet. Sie repräsentieren den alttestamentlichen Glaubensweg. Jesus ist Urheber, Anführer und Vollender jenes Glaubens. Von Anfang an stellt die Bibel den Weg des Lebens vor. Der Mensch gerät aber sehr rasch auf den Weg des Todes. Der Weg des Lebens ist der der Erfüllung der Gebote, der Weg des Todes ist der Weg des Menschen nach seinem Fall. Den gefallenen Menschen rettet aber Gott, führt ihn aufgrund des Glaubens zurück auf den richtigen Weg.

Der Weg des Alten Testamentes ist fast durchweg der Weg des Glaubens. Die Menschen schreiten nicht geradlinig auf dem Weg des Lebens voran. So kommen sie zum Heil auf dem Weg des Glaubens. Glaube meint, sich hoffend Gott anheimzugeben, sich auf ihn und seinen Heilswillen zu verlassen. Der Weg des Glaubens und der Weg des Todes sind *die* beiden Wege, die in der Heiligen Schrift immer wieder benannt werden. Sie sind auch im „Exerzitienbüchlein" zentral.

Der Weg des Glaubens beginnt mit Abel, dem ersten Gerechten des Alten Bundes. Dann redet der *Hebräerbrief* von den Patriarchen und von all denen, die auf dem Weg des Glaubens vorangeschritten sind, den Gottes Heilsplan den Menschen anbot. Dieser Weg enthält die Vollendung nicht in sich selbst. Der Glaube wird durch Jesus zur Vollendung gebracht.

Das elfte Kapitel dieses Briefes faßt sozusagen die ganze Bibel zusammen, sieht sie als Einheit, als Weg zum Glauben, auf dem Gott sein Volk führt. Leider redet das Kapitel nur wie nebenbei von David, erwähnt ihn zusammen mit Barak, Simson, Jiftach und Samuel. Aber da sind doch auch Züge, die seine ganze Geschichte in Erinnerung bringen. David gehört zu denen, die „Königreiche besiegt, Gerechtigkeit geübt, Verheißungen erlangt" haben (vgl. 11,33).

Das Kapitel schließt mit dem Hinweis, daß all jene das Verheißene gleichwohl nicht erlangt haben. Gott hatte für sie etwas Besseres vorgesehen. Sie sollten nicht ohne uns vollendet werden (V. 39). Es ist also keineswegs verkehrt, Glaube, gute Eigenschaften und Leiden der Väter bewundernd anzuschauen, aber es ist nicht alles. Als Glieder jenes großen Gottesvolkes, das nun in der Welt auf dem Weg des Glaubens einherschreitet, sind wir Teilhaber am großen Heilsplan Gottes.

Die Wolke von Zeugen begleitet uns, leidet und betet für uns. Das gesamte Volk Gottes bewegt sich auf den endgültigen Sieg hin, auf das ewige Leben.

3. Die Last ablegen; mit Ausdauer im Wettkampf laufen

Was sollen wir nun inmitten der Wolke von Zeugen tun? Der Verfasser gibt klare Antwort.

– Vor allem müssen wir *alle Last abwerfen* (vgl. 12,1), vor allem die Fesseln der Sünde. Genau das ist auch das Programm der Exerzitien. Sie sind hier sozusagen heilsgeschichtlich vorgebildet, bedeuten Entscheidung für Gott und für den Weg des Lebens. Der Glaube bringt uns auf den Weg des Lebens zurück. Damit das geschehen kann, müssen wir aber jede ungeordnete Neigung hinter uns lassen, alles ablegen, was in unserem Leben in Unordnung ist. Für die Exegeten ist die Bedeutung des Wortes *Last* klar. Wer auf dem Weg ist, darf nicht behindert sein durch die Bürden dieser Welt und ihrer Eitelkeiten. Schwerer ist es schon, hier den Sinn von *Sünde* zu verstehen. Das hängt mit dem griechischen Ausdruck, der hier

verwendet ist, sowie mit der Textüberlieferung überhaupt zusammen. Folgt man einigen Textzeugen des
dritten Jahrhunderts, dann könnten wir auch übersetzen: Alles Gepäck ablegen, auch wenn es nützlich sein
könnte. Dann wäre hier verstärkt zum Ausdruck gebracht, daß der Läufer frei sein muß von aller Beschwer-
nis. Nur so kann er eigentlich „mit Ausdauer in dem
Wettkampf laufen" (V. 1). Es geht nicht nur darum, eine
Erprobung zu „bestehen". „Laufen" sollen wir, also mit
Eifer etwas tun. Ganz einfach ist der Textsinn gewiß
nicht zu fassen.

– „Mit Ausdauer in dem Wettkampf laufen, der uns
aufgetragen ist": Das ist die Aufgabe der *Zweiten Exerzitienwoche,* die wir uns zu eigen gemacht haben. Auf
Jesus haben wir geschaut und auf seine Eigenschaften
und Verhaltensweisen, auf die Armut, die er vorgelebt
hat.

4. *Aufblicken – Vollendung des Glaubens – Kreuz*

Nun sind wir beim eigentlich entscheidenden Punkt:
„Laßt uns ... dabei auf Jesus blicken, den Urheber und
Vollender des Glaubens. Er hat angesichts der vor ihm
liegenden Freude das Kreuz auf sich genommen ..."
(V. 2)

Dieser Vers enthält sehr viel.

– *„Aufblicken".* Man wird sofort an die von Johannes
zitierte Prophetie denken: „Sie werden auf den schauen,
den sie durchbohrt haben" (Joh 19, 37). Der treue Zeuge
Johannes, der von Jesus besonders geliebte Jünger – er
weiß, daß der Blick aufs Kreuz den Sinn von Jesu Leben
und seiner Verkündigung aufschließt. Die Betrachtung
der Passion zeigt, wie sich das Alte Testament erfüllt hat.
Alle Bedrängnisse, die David und die anderen Heiligen
des Alten Bundes durchmachen mußten, kommen zur

Vollendung im Kreuz Christi. Deshalb ist das Kreuz die Vollendung der Geschichte der Menschheit, der Geschichte aller Kulturen und der Zivilisation überhaupt. Das Kreuz ist der Schlüssel der Geschichte.

– *„Vollendung des Glaubens"*. Auch der Glaube der Patriarchen hatte ein Haupt, eine Vollendung. Dieser Vollender blieb zwar unsichtbar, aber Mose nahm ihn doch prophetisch wahr: „Aufgrund des Glaubens weigerte sich Mose, als er herangewachsen war, Sohn einer Tochter des Pharao genannt zu werden. Lieber wollte er sich zusammen mit dem Volk Gottes mißhandeln lassen, als flüchtigen Genuß von der Sünde zu haben. Er hielt die *Schmach des Messias* für einen größeren Reichtum als die Schätze Ägyptens" (Hebr 11,24–26). – Den Gedanken, daß *Jesus Vollender des Glaubens* ist, könnte man noch breit ausführen, denn er beherrscht den gesamten Brief. Die Aussagen dazu heben mit 2,10 an: „Denn es war angemessen, daß Gott, für den und durch den das All ist und der viele Söhne zur Herrlichkeit führen wollte, den Urheber ihres Heils durch Leiden *vollendete."* Das Haupt des Glaubens wird am Kreuz vollendet und führt so alles zur Vollendung. Eben deshalb ist das Kreuz der Schlüssel, der den Sinn aller Geschichte und Kultur aufschließt.

Jesu Vollendung bedeutet, daß er zum Kreuz ja gesagt hat im Hinblick auf die Freude, die ihn erwartete. Die dritte Stufe der Demut bedeutet ja, den Weg des Kreuzes zu wählen, um mit Jesus zu sein. So sagt es der heilige Ignatius (Nr. 167).

5. Sitzen zur Rechten Gottes; die Auferweckung des Gekreuzigten

Hebr 12,2 schließt mit der Aussage, daß Jesus, der die Schande des Kreuzes auf sich genommen hatte, *sich zur*

Rechten von Gottes Thron gesetzt hat. Kreuz und Verherrlichung darf man niemals trennen. Auch Johannes sieht den Gekreuzigten von Herrlichkeit umgeben: Er sendet seinen Geist aus. Die Aussage in Hebr 12, 2 läßt sich auch sehr gut durch Apg 7, 54 kommentieren. Nach der Rede des Stephanus erhebt sich großer Zorn: „Als sie das hörten, waren sie aufs äußerste über ihn empört und knirschten mit den Zähnen." Stephanus hatte nun die Wahl. Um der Steinigung zu entgehen, konnte er Jesus ja verleugnen, wie Petrus es getan hatte. Aber „erfüllt vom Heiligen Geist, blickte er zum Himmel empor, sah die Herrlichkeit Gottes und Jesus zur Rechten Gottes stehen und rief: Ich sehe den Himmel offen und den Menschensohn zur Rechten Gottes stehen" (Apg 7, 55–56).

Jedes Wort hat seine Bedeutung.

– *„Er blickte zum Himmel empor".* In der Kraft des Heiligen Geistes war es ihm möglich, sich von der ihn umgebenden, gefahrvollen Situation nicht gefangennehmen zu lassen. Eine Art von Ekstase bemächtigte sich seiner.

– *„Er sah die Herrlichkeit Gottes."* Es ist jene Herrlichkeit, nach der sich das gesamte Alte Testament sehnt.

– „... und Jesus zur Rechten Gottes stehen und rief: Ich sehe den Himmel offen und den Menschensohn zur Rechten Gottes stehen."

Er sieht Jesus in der Herrlichkeit Gottes, aber als Menschensohn. Er sieht ihn als den Gekreuzigten, der auferstanden ist, als Haupt der Kirche, der dem Vater das Reich noch nicht übergeben hat, weil er noch auf eine riesige Schar von Männern und Frauen wartet, die aus allen Zeiten mit ihm kommen sollen.

Deshalb *steht* er; er sitzt nicht. Die Schau des Gekreuzigten, der auferstanden ist, hilft dem Stephanus, den Sinn seines Lebens ganz klar zu erkennen. Er hat nicht den geringsten Zweifel, welche Wahl er zu treffen hat. Er möchte seinen Glauben zur Vollendung bringen.

– „So steinigten sie Stephanus. Er aber betete und rief: *Herr Jesus, nimm meinen Geist auf!"* (7, 59). Hier artikuliert sich zum ersten Mal ein Glaube, der zur Vollendung strebt. Jesus hat sein Leben voll Vertrauen in die Hände des Vaters zurückgegeben. Er ermöglicht es dem Stephanus, eine solch hohe Stufe der Liebe zu erreichen. Er gibt sich ganz hin. Im Lichte des Glaubens Jesu und in dessen Kraft sind wir in der Lage, uns ganz Gott zu übergeben. Er besitzt den Glauben in vollkommenem Maße und läßt uns daran teilhaben. Stephanus ist sogar in der Lage, die Worte Jesu am Kreuz zu wiederholen: Vater, nimm meinen Geist auf!

– „Dann sank er in die Knie und schrie laut: Herr, *rechne ihnen diese Sünde nicht an"* (7, 60). Das ist die eigentliche Aufgipfelung vollkommener Liebe, daß da einer vergeben kann. David hat darum noch nicht gewußt. Jesus hat uns das gesagt und vorgelebt.

Das Kreuz ist die Vervollkommnung menschlicher Geschichte. Es zeigt, wohin der Weg des Menschen in die Transzendenz – das ist der Glaube – führt. Bereits unter seinesgleichen vermag er sich selbst zu überschreiten, hin zur Vergebung. Die Liebe Jesu zu Gott und seine Selbsthingabe für die anderen, darin besteht der Schlüssel zum Verständnis der Geschichte. „Er bringt den Völkern das Recht" (Jes 42, 1), denn das Kreuz, begriffen als vollkommener Glaube und vollkommene Liebe, ist das Recht für den Menschen.

6. Die Botschaft für uns

Der Weg des Glaubens ist schwierig. Wir ermüden leicht, wenn wir diesen Weg gehen wollen. Vor allem muß man ihn kennen, um nicht in Irrtum zu verfallen, darf ihn nicht mit irgendeiner anderen Möglichkeit menschlicher Lebensgestaltung verwechseln. Der Glaubensweg ist etwas Ursprüngliches, Neues. Jede Kultur muß sich an ihm messen lassen. Nichtsdestoweniger ist es schwierig, diesen Weg zu verkünden, zumal er am Kreuz endet. Das Kreuz kann man nicht eigentlich mit dem Wunsch präsentieren, es auferlegen zu wollen. Wir müssen zu der Grundhaltung Jesu – und in gewissem Sinne auch Davids – kommen: Zu demütiger, verständnisvoller Zurückhaltung. Liebe lehrt man, indem man sie vorlebt. Mit der Vergebung ist es genauso.

Zu diesen Grundhaltungen kommt man nur mit der Hilfe des Heiligen Geistes, des Geistes Jesu. Wir müssen beständig beten und dürfen der Begegnung mit dem Kreuz nicht ausweichen.

Ich möchte zwei Fragen stellen:

1. Können wir noch von ganzem Herzen vergeben? Das lernen wir nicht von Menschen, sondern aus der Geschichte Jesu.

„Herr Jesus, hilf uns, daß wir uns jeden Tag aufs neue auf den Weg des Glaubens begeben. Auf deinen Weg des Kreuzes. Wir glauben an dich und an die Kraft deines Blutes. In deine Liebe möchten wir eintauchen, deine Schönheit möchten wir schauen. Gib uns deinen Geist, damit er uns diese Liebe lehre."

2. Sind wir in der Lage, uns von anderen vergeben zu lassen? Das ist vielleicht einfacher, als um Vergebung zu bitten. Jesus lädt uns ein, immer besser zu lernen, uns vom Mitmenschen vergeben zu lassen. So wird auch unser Glaube vollkommener.

Das Ideal Davids – das Ideal Jesu – das Ideal des Volkes Gottes

„Wir danken dir, Gott, unser Vater, weil du deinen Sohn Jesus Christus für uns auferweckt hast. So hast du dieser Welt das neue Leben eingestiftet, das Raum gewinnt, während wir auf seine Wiederkunft warten.

Hilf uns, daß wir das Antlitz des Auferstandenen in und an deiner Kirche wahrnehmen können. Mache uns bereit für das Wirken deines Heiligen Geistes. Möge er bauen am Leib deines Sohnes, um dir ihn am Ende der Zeiten vorzustellen. Dann wirst du alles in allem sein!

Vater, in Jesus Christus hast du uns ein Ideal gegeben, das endgültigen und bleibenden Charakter hat. Jesus vermag in jedem Moment menschliches Leben hell zu machen. Er als Ideal kommt den tiefsten Wünschen und Bedürfnissen der Menschheit entgegen. Er steht in Beziehung zu den wirklichen Leiden von Frauen und Männern in unserer Zeit. Wir bitten dich: Laß uns mit der Hilfe Christi selbst immer wieder auf ihn als Ideal schauen, damit wir noch mehr deinem Heilsplan dienen."

Wir befinden uns in der Vierten Exerzitienwochen des heiligen Ignatius. Die Meditationen dieser Woche sind nicht leicht. Sie beziehen sich auf Jesus, insofern er wirklich bei uns ist, nicht irgendwo „unter uns Menschen". Nach den Worten des heiligen Ignatius soll ich „mich innig freuen und fröhlich sein über so große Herrlichkeit und Freude Christi, unseres Herrn" (Nr. 221).

Über das Leben des Auferstandenen meditieren bedeutet, sich betrachtend hineinzubegeben in das dauernde Heilswerk der Kirche. Die letzte große Meditation des Ignatius ist eine „Betrachtung zur Erlangung der Liebe" (Nr. 230–235). In ihr geht es darum, den Auferstandenen überall wahrzunehmen, besonders aber in der Kirche, die sich auf ihrem Weg durch die Zeiten ständig neu auferbaut; den Heiligen Geist wahrzunehmen, der Jesus in den Herzen der Gläubigen lebendig macht.

Mit diesem Auge des Glaubens erlangen wir auch vom Heilsplan Gottes insgesamt Kenntnis. Ohne diesen Blick des Glaubens erachten wir vieles in unserem Leben und im Leben der Kirche für banal und negativ. Um dem auferstandenen Herrn betrachtend näherzukommen, schlage ich eine Meditation vor, die sich um das Ideal Davids, das Ideal Jesu und das Ideal des Gottesvolkes bewegt.

1. Vorbemerkung

Ein *Ideal* ist das, was man sich als vollkommenes und absolutes Modell vorstellt. Es erfüllt die tiefsten Wünsche meines Herzens und meines Geistes. Ich rede hier von einem geschichtlichen Ideal, von etwas, das wenigstens zum Teil in dieser Welt verwirklicht werden kann. Allerdings steht jedes geschichtliche Ideal unter eschatologischem Vorbehalt. Das endgültige eschatologische Ziel kann von den vorläufigen Teilzielen nicht überholt oder auch nur eingeholt werden.

Dieses absolute, eschatologische Ziel können wir auf verschiedene Weise umschreiben.

– Theologisch redet man gerne von der *beseligenden Gottesschau*. Wir werden Gott schauen von Angesicht zu Angesicht, so, wie Jesus den Vater sieht. Wir werden mit Jesus durch die Gnade des Heiligen Geistes vor Gottes Angesicht stehen.

– Das *himmlische Jerusalem* ist ein sehr schönes Bild und Symbol für das letzte Ziel des Menschen (Offb 21).

– In Röm 8, 11 ff redet Paulus von der *Auferstehung aller Gerechten am Ende.*

– In *1 Kor 15, 28* wird die endgültige Vollendung beschrieben durch den Gedanken der Übergabe von allem an den Vater. *Der Sohn übergibt dem Vater das Reich.* „Wenn ihm dann alles unterworfen ist, wird auch er, der Sohn, sich dem unterwerfen, der ihm alles unterworfen hat, damit Gott herrscht über alles und in allem." Ohne die Annahme einer solchen Vollendung wäre jedes geschichtliche Ideal sinnlos, wie Paulus kurz vorher bemerkt: „Wenn wir unsere Hoffnung nur in diesem Leben auf Christus gesetzt haben, sind wir erbärmlicher dran als alle anderen Menschen" (V. 19).

Angesichts dieser Aspekte unseres Glaubens könnte man fragen: Gibt es eine Art Reflex des himmlischen Jerusalem in unsere Geschichte hinein? Zeigt sich die endgültige Auferstehung schon irgendwie in sichtbaren, sozialen Dimensionen? Ist es möglich, in der Zeit zwischen Jesu Auferstehung und der Auferstehung am Ende das Reich Gottes schon zu verwirklichen?

2. Das Ideal Davids

Welches geschichtliche Ideal hatte David? Was sah er als absolutes Modell an, das er für sich und auch für sein Volk verwirklicht haben wollte? Antwort darauf finden wir ohne große Schwierigkeit in den *Samuelbüchern,* aber auch in den Psalmen, insoweit diese tiefste Wünsche des David zum Ausdruck bringen.

1. Ein Text, mit dem wir uns ja schon befaßt haben, steht in *2 Sam 7.* Der Herr hat dem David verheißen, ihm ein Haus zu bauen. Natan trägt dem König alles vor,

was Gott Jahwe ihm gesagt hat. Darauf beginnt David ein Gebet mit den Worten: „Wer bin ich, mein Herr und mein Gott, und was ist mein Haus, das du mich bis hierher geführt hast?" (V. 18). Es ist wunderbar, was Gott schon an ihm gewirkt hat. Er hat ihn vom Weiden der Schafe weggerufen und ihn zum Haupt eines Volkes gemacht. Er ließ ihn in Kriegen siegen, hat dem Volk Israel Stabilität und Frieden verliehen."

Das Ideal Davids läßt sich umschreiben mit den Worten: Reich, Herrschaft, Frieden, Fortschritt und Gedeihen, Sicherheit vor den Feinden, Freude, Tanz im Tempel. Darüber ist der König froh und glücklich. „Weil das aber in deinen Augen noch zu wenig war, mein Herr und Gott, hast du dem Haus deines Knechtes sogar Zusagen für die ferne Zukunft gemacht ... mein Herr und mein Gott" (V. 19). Hier taucht ein wichtiger Gesichtspunkt auf. Alles das, was sich schon in der Gegenwart verwirklicht, wird auch in Zukunft gegeben sein: Friede, die Herrschaft usw. David kann nicht mehr wünschen. Deshalb ruft er aus: „Ja, mein Herr und mein Gott, du bist der einzige Gott, und deine Worte sind wahr. Du hast deinem Knecht ein solches Glück zugesagt. So segne jetzt gnädig das Haus deines Knechtes, damit es ewig vor deinen Augen Bestand hat. Denn du, mein Herr und Gott, hast es versprochen, und mit deinem Segen wird das Haus deines Knechtes für immer gesegnet sein" (VV. 28–29).

2. Aber es ist auch zu sagen, daß sich das Ideal, dem David zustrebt, nur zu einem Teil verwirklicht. Weder die Königsherrschaft noch die Verheißung Gottes als solche machen das Leben des Königs glücklich.

Im bald folgenden Kapitel 9 ist von Thronfolgegeschichten und von damit verbundenen Intrigen die Rede. Dazu gehören auch die Rebellion seines Sohnes Abschalom und sein Tod. Das Ideal bleibt, aber man spürt auch, daß David eigentlich mehr wünscht; daß er empfindet, daß es Größeres gibt als das Reich. „Gott, du mein Gott, dich suche ich ... deine Huld ist besser als das Leben" (Ps 63, 2.4). Das Ideal heißt: Gott nahe sein. Vielleicht hat David nicht begriffen, wie man Gott ohne Reich, Frieden, Herrschaft nahe sein kann, aber er spürt, daß es wohl sein kann. „Du, Herr, verschließ mir nicht dein Erbarmen, deine Huld und Wahrheit mögen mich immer behüten" (Ps 40, 17).

Weil diese Spannung in den Psalmen gegeben ist, können wir sie heute noch beten. Ginge es in ihnen nur um ein irdisches Reich, dann wären sie ohne weitreichende Bedeutung. Das Alte Testament lebt aus einer messianischen Spannung, die es selbst nicht ganz aufzuhellen vermag, aber deren Kern es manchmal sehr nahekommt: „Doch aus dem Baumstumpf Isais wächst ein Reis empor, ein junger Trieb aus seinen Wurzeln bringt Frucht. Der Geist des Herrn läßt sich auf ihm nieder, der Geist der Weisheit und der Einsicht, der Geist des Rates und der Stärke, der Geist der Erkenntnis und der Gottesfurcht ... Man tut nichts Böses mehr und begeht kein Verbrechen auf meinem ganzen heiligen Berg, denn das Land ist erfüllt von der Erkenntnis des Herrn, so wie das Meer mit Wasser gefüllt ist" (Jes 11, 1–2.9).

Höhepunkt des davidischen Ideals ist also ein Reich des absoluten Friedens und der Gotteserkenntnis, in welchem Eintracht unter den Menschen herrscht und Harmonie in der Schöpfung.

3. Jesu Ideal

Auch Jesus hat ein Ideal. Der Begriff, mit dem er es faßt, schließt an David an. Es geht um das *Reich Gottes*, geht um die *Herrschaft Gottes*.

Wir können das Wort nicht präzis erfassen, wenn wir

nicht zuvor die Idealvorstellung Davids kennengelernt haben.

Jesus geht vom Begriff des Gottesreiches aus. Er füllt ihn und erklärt ihn in Gleichnissen, Reden und Antworten, die er gibt. In *Mt 4, 17* heißt es: „Von da an begann Jesus zu verkünden: Kehrt um, denn das Himmelreich ist nahe." Von diesem Reich redet Jesus auch nach der Auferstehung: „Ihnen hat er nach seinem Leiden durch viele Beweise gezeigt, daß er lebt. Vierzig Tage ist er ihnen erschienen und hat vom Reich Gottes gesprochen" (Apg 1, 3).

Jesus läßt in seiner Verkündigung freilich immer die geschichtliche Perspektive und die eschatologische ineinander übergehen. Daher ist es nicht einfach, diese Verkündigung zu verstehen. Er verkündet ein absolutes und endgültiges Reich, das bereits jetzt anhebt und die Menschen angeht, denn es betrifft das Verhalten der Menschen zueinander. Friede und Vergebung stehen in diesem Reich an erster Stelle. Dieses Reich hat auch dunkle Seiten. Leiden und Demütigungen kommen in ihm vor. Nur im Lichte des ewigen, endgültigen Reiches kann man diese Seiten leben und so verstehen.

– Der Begriff des Reiches ist nicht der einzige, mit dem Jesus sein Ideal bezeichnet. Jesus meidet die strenge sprachliche Festlegung. Er bedient sich verschiedener sprachlicher Gestalten. In *Joh 17* drückt er im Gebet zum Vater sein tiefstes Verlangen und Wollen aus.

Auch wir beten oft, wenn wir etwas aus tiefstem Herzen wünschen. Wenn wir körperliche Gesundheit erbitten, dann ist unser Ideal in diesem Augenblick die gute körperliche Verfassung. Wünschen wir in der Kirche Frieden, dann heißt das, daß der Friede in der Kirche unsere Idealvorstellung ist. Was erbittet Jesus? „Vater, verherrliche du mich jetzt bei dir mit der Herrlichkeit, die ich bei dir hatte, bevor die Welt war" (V. 5). Jesus bittet also um seine Verherrlichung.

Die *Herrlichkeit Gottes* ("gloria Dei") ist das absolute, eschatologische Ideal und Ziel. Jesus erbittet es für sich und für alle Menschen. Aber auch in diesem Wunsch fehlt die geschichtliche Linie nicht." Aber ich bitte nicht nur für diese hier, sondern auch für alle, die durch ihr Wort an mich glauben. Alle sollen eins sein. Wie du, Vater, in mir bist und ich in dir bin, sollen auch sie in uns eins sein, *damit die Welt glaubt,* daß du mich gesandt hast" (VV. 20–21; vgl. 22–23).

Hier geht es um das Ideal der *Einheit der Glaubenden* mit ihm, um die Einheit der Seinen und seiner selbst mit dem Vater, damit die Welt glaube. Die Herrschaft, von der hier die Rede ist, wird in der Sprache von "Einheit" bezeichnet. Wir sagen ja auch, die Kirche sei die Einheit des Vaters und des Sohnes und des Heiligen Geistes, wie sie in dieser Welt Gestalt gewinnt. Diese Einheit ist Teilhabe an der Einheit der Menschheit in der endgültigen Gestalt, die sie einmal haben wird.

– *Mt 28,18–19:* "Mir ist alle Macht gegeben im Himmel und auf der Erde. Darum geht zu allen Völkern, und macht alle Menschen zu meinen Jüngern. Tauft sie auf den Namen des Vaters und des Sohnes und des Heiligen Geistes." Das Ideal der Einheit in der göttlichen Dreifaltigkeit wird *dynamisch und missionarisch* vorgestellt. Der Kirche ist dieses Ideal anvertraut.

– *Lk 24,45–57:* Jesus öffnet den Jüngern die Augen für das Verständnis der Schrift. Dort, im Alten Testament, stand ja geschrieben, daß er leiden mußte und auferstehen würde. In seinem Namen würde das Heil verkündet werden, *"angefangen in Jerusalem".*

Auch dies ist eine Weise, auf die Jesus sein historisches Ideal ausdrückt. Er erwähnt die Davidsstadt, um zum Ausdruck zu bringen, daß Jerusalem greifbar die Kontinuität der Verheißungen darstellt. Bis heute ist Jerusalem der Ausgangspunkt für die Mission der Kirche. Das ist ein großes Geheimnis. Geistlich müssen wir allezeit nach Jerusalem hingewandt bleiben. Rom ist jene Ortskirche, die für die Einheit der Gesamtkirche Verantwortung trägt. Doch damit wird ja die symbolische Bedeutung Jerusalems als Ausgangspunkt der Mission nicht ausgelöscht.

Meiner Ansicht nach ist es deshalb sehr wichtig, daß auch heute in dieser Stadt eine jüdisch-christliche Gemeinde lebt. Sie macht die Verbindung der Kirche mit der gesamten Heilsgeschichte sichtbar.

Vor allem der Auferstandene stellt seine Idealvorstellung deutlich heraus. Der irdische Jesus redet in Gleichnissen und Rätseln oder in der geheimnisvollen Perspektive des Kreuzes. Nach der Auferstehung kann er klar sagen, was er als Ideal ansieht: *Die Einheit aller Menschen in ihm bzw. in der Kirche.*

Die Kirche ist die Einheit des Menschengeschlechtes. Sie ist die vor Gott geeinte Menschheit.

Bezeichnend ist auch die Art und Weise, wie Jesus auf den Glauben hin erzieht. Er erklärt nicht alles sofort, sondern weiß, daß die Menschen die Einheit schrittweise begreifen und verwirklichen müssen. Wir müssen seinem Beispiel folgen, indem wir die konkrete Situation der Menschen achten und das, was jeder einzelne in einem bestimmten Augenblick verstehen kann.

4. Das Ideal des Gottesvolkes

Wir sollten einmal im Neuen Testament blättern und nur darauf achten, auf welch vielfältige Weise das Ideal beschrieben wird, das Jesus seinem Volk hinterlassen hat.

– Das Wort *Reich* verschwindet später fast völlig,
nachdem es die Brücke zwischen der Davidsgeschichte
und Jesus hergestellt hatte. Jetzt hatte man verstanden,
was Jesus gewollt hatte. Wir treffen es noch einmal in
Röm 14,17 an. Aber es steht dort doch mehr am Rand,
wenn Paulus auch mit dem Begriff vertraut war. Hier
geht es um Essen und Trinken. Paulus sagt: „Das Reich
Gottes ist nicht Essen und Trinken. Es ist Gerechtigkeit,
Friede und Freude im Heiligen Geist." Paulus verkündet
zuerst das endzeitliche Kommen Jesu. Später predigt er
die Ankunft des Reiches unter den Menschen. Es wird
gekennzeichnet durch Freude, Gerechtigkeit und Frieden. Das Reich ist also etwas, was die Menschen in ihrem Miteinander betrifft und angeht. Das Reich wird
also eher hinsichtlich seiner sittlichen Konsequenzen
ins Spiel gebracht.

– *Gal 5,22* redet von dem Reich eher in personalen
Kategorien: „Die Frucht des Geistes aber ist Liebe,
Freude, Friede, Langmut, Freundlichkeit, Güte, Treue,
Sanftmut und Selbstbeherrschung." Das vom Geist ge-
führte Volk stellt sich in der Geschichte als eine
schlichte Gemeinschaft dar, in der Sanftmut, Freude,
Demut, Dienstbereitschaft und Geduld herrschen. Das
Ideal wird also durch die Umstände genauer beschrie-
ben.

– Es gibt eine dritte Periode in der Verkündigung des
Paulus, in der das Reich weniger als das Ideal der christlichen Gemeinschaft vorgestellt wird, sondern eher als
kosmisches Ideal. Es betrifft den gesamten Kosmos. Vgl.
Eph 1,10: Das Geheimnis des göttlichen Willens, das
Ideal, das er in der Geschichte verwirklichen will, besteht darin, alles in Christus zusammenzufassen. Nach
Kol 1,19–20 ist Christus das eine und einzige Haupt:
„Denn Gott wollte mit seiner ganzen Fülle in ihm wohnen, um durch ihn alles zu versöhnen. Alles im Himmel
und auf Erden wollte er zu Christus führen, der Friede

gestiftet hat am Kreuz durch sein Blut." Das Ideal ist der Leib Christi, auf dessen Vollgestalt hin alles wächst.

Die Worte ändern sich, nicht das Ideal. Jesus sprach von einem Gastmahl. Er redete vom Fischernetz. Paulus gebraucht andere Worte, aber das Ideal bleibt in der Tiefe identisch. In den verschiedenen Momenten der Geschichte wird es je anders bezeichnet.

Die Gnade des Heiligen Geistes verbindet das Ideal Jesu mit dem von Paulus und von Petrus, von Augustinus, Gregor dem Großen und der Kirche des Zweiten Vatikanums. Wichtig ist nur, daß die Idealvorstellung stets ausgeht vom Blick auf das Kreuz und auf die Auferstehung. Der Gekreuzigte, der auferstanden ist, ist das absolute und endgültige Ideal der Geschichte wie auch deren Schlüssel.

– Es ist interessant zu sehen, wie die Kirche von heute ihr Ideal umschreibt; welche Bilder sie wählt, es zu verdeutlichen. Ich glaube, dazu sollten wir uns die Texte des Zweiten Vatikanums ansehen.

– So heißt es in der Einleitung zur Kirchenkonstitution *Lumen Gentium:* Christus ist das Licht der Völker, „die Kirche ist ... in Christus gleichsam das Sakrament, das heißt Zeichen und Werkzeug für die innerste Vereinigung mit Gott wie für die Einheit der ganzen Menschheit" (Nr. 1). Hier wird auf eine sehr glückliche Weise ausgedrückt, was die Kirche eigentlich in der Welt und für die Welt bedeutet. Zugleich beschreibt das Konzil in fast prophetischer Weise den tiefen und starken Drang unserer Zeit. Besonders junge Leute lassen sich vom Ideal der Einheit der Menschen packen. Letztlich hat diese Einheit mit dem himmlischen Jerusalem zu tun. Gott will die Menschheit mit Christus zu einer einzigen Wirklichkeit verbinden. So wird die Kirche wirklich zum „Zeichen und Werkzeug".

– Diese allgemeine Vorstellung wird in der Pastoralkonstitution des Zweiten Vatikanischen Konzils „Gaudium et Spes" spezifiziert. Die entscheidende Aussage steht in Nr. 45, ungefähr nach der Hälfte des Gesamttextes. Die Stelle hat damit vielleicht eine ähnliche Funktion wie Mk 8,27–30 im dortigen Evangelium (das Petrusbekenntnis). Das gesamte übrige Evangelium kreist um diese Stelle.

„Wie sie selbst der Welt hilft oder von dieser vieles empfängt, strebt die Kirche nach dem einen Ziel, nach der Ankunft des Reiches Gottes und der Verwirklichung des Heils der ganzen Menschheit ... *Der Herr ist das Ziel der menschlichen Geschichte,* der Punkt, auf den hin alle Bestrebungen der Geschichte und der Kultur konvergieren, der Mittelpunkt der Menschheit, die Freude aller Herzen und die Erfüllung ihrer Sehnsüchte." Dieses christologische Bekenntnis der Kirche entspricht der Aussage in einer Ansprache von Papst Paul VI., die dieser am 3. Februar 1965 gehalten hat. Sie steht mit Absicht in der Mitte des Dokumentes. Dieses Ideal wird auch in der Friedensterminologie beschrieben. Paul VI. sagt: „Der Friede trägt heute den Namen: Entwicklung." Johannes Paul II. formuliert: „Der neue Name für Frieden ist Solidarität." Unser Konzilstext sagt so: „Allmählich ist sie [die Menschheitsfamilie] sich untereinander nähergekommen, und überall ist sie sich schon klarer ihrer Einsicht bewußt. Da kann sie ihre Aufgabe, die Welt für alle überall wirklich menschlicher zu gestalten, nur erfüllen, wenn alle sich in einer inneren Erneuerung dem wahren Frieden zuwenden." Diese Vorstellung vom Frieden entspricht der Perspektive Davids. Im Konzilstext ist aber auch die innere Welt gemeint. „Dann strahlt unserer Zeit jene Botschaft des Evangeliums, die dem höchsten Sehnen und Bemühen der Menschheit entspricht, in neuem Licht auf, jene Botschaft, die die Friedensstifter seligpreist, ‚denn sie werden Kinder Gottes heißen'" (ibid.). Etwas später heißt es: „Der irdische Friede, der seinen Ursprung in der Liebe zum Nächsten hat, ist aber

auch Abbild und Wirkung des Friedens, den Christus gebracht hat und der von Gott dem Vater ausgeht." Wir
dürfen die verschiedenen Wirklichkeiten nicht vermi-
schen, aber sollen sie auch nicht trennen. Friede auf Erden ist Abbild und Wirkung des Friedens Gottes in
Christus. Der Friede, den die Kirche verkündet, steht in
enger Beziehung zum Frieden auf Erden.

– *Gaudium et Spes* bringt das geschichtliche Ideal
auch mit der *Völkergemeinschaft* und mit den *internationalen Institutionen* in Verbindung: „Um bei der
wachsenden gegenseitigen Abhängigkeit aller Menschen
und aller Völker auf dem ganzen Erdenkreis das allgemeine Wohl der Menschheit auf geeignetem Weg zu suchen und in wirksamerer Weise zu erreichen, muß sich
die Völkergemeinschaft eine Ordnung geben, die den
heutigen Aufgaben entspricht, vor allem im Hinblick
auf die zahlreichen Gebiete, die immer noch unerträgli-
che Not leiden. Um diese Ziele zu erreichen, müssen die
Institutionen der internationalen Gemeinschaft den verschiedenen Bedürfnissen der Menschen nach Kräften
Rechnung tragen" (Nr. 84). Hier klingt auch die Thema-
tik der Sozialenzyklika *Sollicitudo rei socialis* von Johannes Paul II. an.

Es bleibt die christliche Hoffnung auf Frieden, Gegenwart Gottes bei uns, auf den Heiligen Geist, der die Herzen der Menschen bewegt. Die Kirche gibt dieser
Hoffnung konkrete geschichtliche Inhalte, bringt sie in
Zusammenhang mit dem Elend in der Welt, den Ungerechtigkeiten, den Kriegsgefahren und den Leiden der
Armen. Wir alle müssen beitragen, daß es trotz allem zu
einer Einheit unter den Menschen kommt. So dienen
wir dem großen Plan Gottes.

5. Schluß

Die besondere Gnade, die wir an dieser Stelle erbitten wollen, bezieht sich darauf, daß wir unseren Blick beständig auf den auferstandenen Herrn ausrichten, und zwar als Einzelne wie auch als Kirche. Dies ist das Entscheidende bei unserem Beten, bei unserer seelsorgerlichen Arbeit und bei der Wahrnehmung sonstiger pastoraler Aufgaben.

Nur der Blick auf Jesus bringt uns mit dem Endpunkt der Geschichte zusammen, in dem alle tiefen Bestrebungen der Menschen zusammenlaufen. Nur von Jesus her können wir verstehen, woher ein geschichtliches Ideal seine innere Struktur hat und wo der Stellenwert einer Berufung innerhalb des großen kosmischen Heilsplanes ist.

Davids Herkunft

„Gott, unser Vater! Du läßt uns das Ziel der gesamten Geschichte erkennen, Jesus Christus, den Auferstandenen! Wir können auch sagen: Die Geschichte geht hin auf das himmlische Jerusalem, auf die Einswerdung aller Völker, auf den Bund mit dir, der in Ewigkeit währen wird. Laß uns auch die Wurzeln dieser Bewegung der Geschichte wahrnehmen! In den kleinen Anfängen des Beginns und in den unscheinbaren Geschehnissen des Alltags ist ja das schon gegenwärtig, was einmal sein wird. Gib uns eine feste Hoffnung, damit wir dir voll Freude entgegenschreiten. Darum bitten wir dich durch Christus, unsern Herrn. Amen."

Wir sind bei der letzten Betrachtung dieser Exerzitien angelangt. Wir haben versucht, uns mit der Gestalt Davids vertraut zu machen. Zum Schluß sei folgender Frage nachgegangen: Da es in der Heiligen Schrift doch Kindheitsgeschichten von Samuel, von Johannes dem Täufer und von Jesus gibt – finden wir vielleicht auch eine Kindheitsgeschichte Davids? Natürlich denke ich nicht an eine chronologische Darstellung der Kinderzeit Davids, so interessant diese auch wäre. Vielmehr frage ich gewissermaßen nach der Atmosphäre jener frühen Jahre, wie man nach dem Atmosphärischen in der Kindheitsgeschichte Samuels oder Jesu fragen kann. So beschreibt ja z. B. Lukas vor allem die Einfachheit und Schlichtheit, die da herrschen, sowie die Bereitschaft Marias angesichts der Ereignisse.

Ist so etwas auch in der Geschichte Davids auszumachen?

Wenn wir dazu etwas finden wollen, dann wohl am ehesten im *Buch Ruth*. Im Bibelinstitut in Rom galt als Aufnahmebedingung, daß man den hebräischen Text jenes Buches so gut kennen mußte, daß man in der Lage war, jeden beliebigen Abschnitt daraus sofort zu übersetzen.

Wir wollen in dieser Meditation der Geschichte Davids nachgehen, indem wir uns seiner Urgroßmutter zuwenden. Auch Matthäus erwähnt ja zu Beginn seines Evangeliums Ruth unter den Vorfahren Jesu: „Salmon war der Vater von Boas, dessen Mutter war Rahab. Boas war der Vater von Obed, dessen Mutter war Ruth. Obed war der Vater von Isai, Isai der Vater des Königs David." (1, 5).

Wir möchten vor allem erhellen, aus welchen geistlichen Wurzeln das Leben Davids erwachsen ist. An dieser Stelle sei daran erinnert, daß das Buch Ruth nicht zu den historischen Büchern der hebräischen Bibel gehört, sondern zu jenen fünf Buchrollen *(Megillot)*, die an den Hauptfesten verlesen wurden. Das Buch Ruth wurde am Pfingstfest verlesen, denn es war im Volk sehr beliebt.

1. Moab

Ruth ist eine Moabiterin, Frau aus einem blutschänderischen Volk (Gen 19, 30–38). Moab ist, weil er Israel zum Götzendienst verführen wird, Feind Israels. Sein Name steht für einen Feind schlechthin. So heißt es im Orakelspruch des Bileam: „Aus Aram führte mich Balak her, der König von Moab vom Ostgebirge: Geh, verfluche mir Jakob! Geh, drohe Israel!" (Num 23, 7)

Das Volk Israel erinnert sich ständig an Moab als an einen schrecklichen Feind, vor dem man auf der Hut sein muß: „Ein Mann darf eine Frau seines Vaters nicht heiraten, denn er darf das Bett seines Vaters nicht aufdecken. In die Versammlung des Herrn darf keiner aufgenommen werden, dessen Hoden zerquetscht sind oder dessen Glied verstümmelt ist. In die Versammlung des Herrn darf kein Bastard aufgenommen werden, auch in der zehnten Generation dürfen seine Nachkommen nicht in die Versammlung des Herrn aufgenommen werden. In die Versammlung des Herrn darf kein Ammoniter oder Moabiter aufgenommen werden, auch nicht in der zehnten Generation. Niemals dürfen ihre Nachkommen in die Versammlung des Herrn aufgenommen werden, denn sie sind euch nicht mit Brot und Wasser auf dem Weg entgegengegangen, als ihr aus Ägypten zogt, und Moab hat Bileam, den Sohn Beors, aus Petor in Mesopotamien gedungen und gegen dich ausgesandt, damit er dich verfluche. Doch der Herr, dein Gott, hat sich geweigert, Bileam zu erhören, und der Herr, dein Gott, hat für dich den Fluch in Segen verwandelt. Denn der Herr, dein Gott, liebt dich! Du sollst dich nie und nimmer um einen Friedens- und Freundschaftsvertrag mit ihnen bemühen!" (Dtn 23, 2–7)

Noch zur Zeit des Propheten Nehemaia erinnerte man sich in Israel an zwei Ereignisse: „Zu jener Zeit las man dem Volk aus dem Buch des Mose vor. Da fand man die Stelle, an der steht: Ammoniter und Moabiter dürfen niemals in die Gemeinde Gottes eintreten, denn sie sind den Israeliten einst nicht mit Brot und Wasser entgegengekommen. Moab hat gegen sie Bileam gedungen, der sie verfluchen sollte. Doch unser Gott verwandelte den Fluch in einen Segen." (Neh 13, 1–3). Etwas später geht Nehemia noch genauer auf die Zusammenhänge ein: „Damals sah ich auch Juden, die Frauen von Aschdod, Ammon und Moab geheiratet hatten. Die Hälfte ihrer Kinder redete in der Sprache von Aschdod oder in der Sprache eines der anderen Völker, konnte aber nicht mehr Jüdisch. Ich machte ihnen Vorwürfe und verfluchte sie. Einige von ihnen schlug ich und packte sie bei den Haaren. Ich beschwor sie bei Gott: Ihr dürft eure Töchter nicht ihren Söhnen geben noch ihre Töchter zu Frauen für eure Söhne oder für euch selbst nehmen. Hat sich nicht wegen solcher Frauen Salomo, der König Israels, versündigt? Unter den vielen Völkern gab es keinen König wie ihn. Er wurde von seinem Gott geliebt, darum hatte ihn Gott zum König über ganz Israel gemacht. Aber selbst ihn haben die fremden Frauen zur Sünde verführt. Und jetzt hört man von euch, daß ihr genau dieselbe Untat begeht und unserem Gott die Treue brecht, indem ihr fremde Frauen heiratet." Nehemia rühmt sich am Ende dessen, was er getan hat: „Denk daran, mein Gott, und halte es mir zugute!" (VV. 23–27.31) Es war seine große Tat, die Moabiterinnen zu verjagen.

Sogar in den Psalmen kommt die Abneigung gegen Moab vor:

Voll Verachtung heißt es in Ps 108: „Moab ist mein Waschbecken." In diesem Zusammenhang ist die Gestalt der Ruth zu sehen, die – als Moabiterin! – eine Vorfahrin Davids und damit des Messias ist.

2. Ruth

Das Buch Ruth läßt sich nach fünf Gesichtspunkten aufgliedern.

1. Da ist eine erste Szene, die im Grünland Moabs spielt. Ein Mann aus Bethlehem mit seiner Frau Noomi zieht wegen einer Hungersnot aus seiner Heimat fort. Der Mann stirbt, seine beiden Söhne heiraten Moabiterinnen, Orpa und Ruth. Bald sterben auch die beiden Söhne. Noomi bleibt mit ihren beiden Schwiegertöchtern allein.

Als Noomi hört, Gott habe seinem Volk wieder Brot gegeben, entscheidet sie sich, mit den beiden anderen Frauen nach Judäa zurückzukehren. Aus Liebe zu ihren Schwiegertöchtern sagt sie aber: „Kehrt doch beide heim zu euren Müttern! Der Herr erweise euch Liebe, wie ihr sie den Toten und mir erwiesen habt. Der Herr lasse jede von euch Geborgenheit finden bei einem Gatten. Damit küßte sie beide zum Abschied, doch Orpa und Ruth begannen laut zu weinen und sagten zu ihr: Nein, wir wollen mit dir zu deinem Volk gehen. Noomi sagte: Kehrt doch um, meine Töchter! Warum wollt ihr mit mir ziehen? Habe ich etwa in meinem Leib noch Söhne, die eure Männer werden könnten? Kehrt um, meine Töchter, und geht! Denn ich bin zu alt, noch einem Mann zu gehören. Selbst wenn ich dächte, ich habe noch Hoffnung, ja, wenn ich noch diese Nacht einem Mann gehörte und Söhne bekäme: Wolltet ihr warten, bis sie erwachsen sind? Wolltet ihr euch so lange abschließen und ohne einen Mann leben? Nein, meine Töchter! Mir täte es bitter leid um euch, denn mich hat die Hand des Herrn getroffen. Da weinten sie noch lauter. Doch dann gab Orpa ihrer Schwiegermutter den Abschiedskuß, während Ruth nicht von ihr ließ. Noomi sagte: Du siehst, deine Schwägerin kehrt heim zu ihrem Volk und zu ihrem Gott. Folge ihr doch! Ruth antwortete: Dränge mich nicht, dich zu verlassen und umzukehren. Wohin du gehst, dahin gehe auch ich, und wo du bleibst, da bleibe auch ich. Dein Volk ist mein Volk, und dein Gott ist mein Gott. Wo du stirbst, da sterbe auch ich, da will ich begraben sein. Der Herr soll mir dies und das antun – nur der Tod wird mich von dir scheiden! (1, 8–17).

In diesem bekannten und so schönen Text geht es einmal um die Liebe der Noomi, zum anderen um die Liebe der Ruth. Diese ihre Liebe stellt Ruth vor die schwierige Entscheidung, ob sie etwa das Volk und den Gott der Noomi auch für sich akzeptieren soll. Wahrscheinlich weiß sie nicht, das diese Entscheidung letztlich beinhaltet, aber sie weiß, daß sie nicht zum Volk Israel gehört. Sie wird dort auch keine neue Bindung eingehen und entsprechend Nachkommen haben können. Sie liebt bedingungslos. Damit ist ihre Liebe offen für das, was wir Glaube nennen. Natürlich handelt es sich nicht um ausdrücklichen Glauben an Gott, aber irgendwie weiß sie um den wahren Gott. Dieser hat ihr die Liebe zu sich ins Herz gegossen.

2. Die Frauen kommen also nach Bethlehem. Sie sind ganz arm, haben nichts zu essen. Ruth verläßt sich keineswegs auf ihre Schwiegermutter nach dem Motto: Geh doch zu deinen Freunden und schaffe etwas zu essen herbei! Sie macht sich selbst an die Arbeit. „Ich möchte aufs Feld gehen und Ähren lesen, wo es mir jemand erlaubt. Sie antwortete ihr: Geh, Tochter! ... So sammelte sie auf dem Feld bis zum Abend. Als sie ausklopfte, was sie gelesen hatte, war es etwa ein Efa Gerste" (2,2.17).

Die Moabiterin unterwirft sich den Gesetzen Israels: „Wenn du ein Feld aberntest und eine Garbe auf dem Feld vergißt, sollst du nicht umkehren, um sie zu holen. Sie soll den Fremden, Waisen und Witwen gehören" (Dtn 14,19). Ruth lebt einfach und bescheiden, sie arbeitet und ordnet sich ihrer Schwiegermutter unter.

3. Die demütige, gütige Ruth trifft den liebenswürdigen, höflichen Boas, einen gläubigen Menschen. Das darf man wohl so sagen, weil er den vorgeschriebenen Segen spricht: „Und nun kam Boas von Bethlehem ... Er sagte zu den Schnittern: Der Herr sei mit euch! Sie antworteten ihm: Der Herr segne dich!" (2,4; vgl. Ps 129,7–8).

Boas sieht die junge Frau. Er erkundigt sich, wer sie sei. Man sagt ihm, es handle sich um eine junge Moabiterin, die jetzt außerhalb ihrer Heimat lebe. Boas geht auf sie zu: „Höre wohl, meine Tochter! Geh auf kein anderes Feld, um zu lesen! Entferne dich nicht von mir, sondern halte dich an meine Mägde" (V. 8). Der Dialog zwischen Boas und Ruth ist äußerst menschlich. Man sollte ihn in Ruhe durchgehen, denn man kann hier etwas von den „Früchten des Geistes" wahrnehmen, von denen Paulus redet: „Liebe, Freude, Friede, Langmut, Freundlichkeit, Güte, Treue, Sanftmut und Selbstbeherrschung" (Gal 5,22). Hier ist ein wenig die Atmosphäre gegeben, die die beiden ersten Kapitel des Lukasevangeliums prägen.

4. Nun kommt etwas weiteres ins Spiel. Dank der weisen Noomi wächst die Liebe zwischen Boas und Ruth. Diese macht sich schön, salbt sich, zieht ihr Obergewand an und geht um Mitternacht zu Boas, der neben einem Getreidehaufen schläft. Als er sie erkennt, sagt er: „Gesegnet bist du vom Herrn, meine Tochter! So zeigst du deine Zuneigung noch schöner als zuvor, denn du bist nicht den jungen Männern, ob arm oder reich, nachgelaufen. Fürchte dich nicht, meine Tochter. Alles, was du sagst, will ich dir tun, denn jeder in diesen Mauern weiß, daß du eine tüchtige Frau bist" (3, 10–11).

5. Die Ehe zwischen den beiden kommt ohne Problem zustande. Boas unternimmt es, sich mit einem Verwandten der Noomi ins Benehmen zu setzen, der das Recht hatte, einen Acker zu kaufen, der dem Mann der Noomi gehört hatte. Somit hatte er auch ein Recht auf Ruth. Vor Zeugen verzichtet er auf seine Kaufrechte. Boas löst statt dessen Ruth ein. Die Leute und die Ältesten sagen: „Der Herr mache die Frau, die in dein Haus kommt, wie Rahel und Lea, die zwei, die das Haus Israel aufgebaut haben" (4, 11).

Der Vers ist so wichtig, weil hier die Rede von den Frauen Jakobs ist. „Komm zu Reichtum in Efrata und zu Ansehen in Bethlehem. Dein Haus gleiche dem Haus des Perez, den Tamar dem Juda geboren hat, durch die Nachkommenschaft, die der Herr dir aus dieser jungen Frau geben möge. – So nahm Boas Ruth zur Frau und ging zu ihr. Der Herr ließ sie schwanger werden, und sie gebar einen Sohn" (VV. 11–13).

So wird Ruth Mitglied jenes Volkes, das sie aus Liebe zu Noomi gewählt hatte. Gott segnet sie, jener Gott, den sie nicht kannte, auf den sie aber durch einen ersten Glaubensschritt hingerichtet war. Ruth nennt den Sohn Obed: „Er ist der Vater Isais, des Vaters Davids. Das ist die Geschlechterfolge nach Perez: Perez zeugte Hezron, Hezron zeugte Ram, Ram zeugte Amminadab, Amminadab zeugte Nachschon, Nachschon zeugte Salmon, Salmon zeugte Boas, Boas zeugte Obed, Obed zeugte Isai, und Isai zeugte David" (VV. 17–22).

So endet das Buch. Zweimal wird am Schluß die Herkunft Davids herausgestellt. Ruth, die Moabiterin, hätte ja ganz und gar aus dem Volk Israel ausgeschlossen werden sollen („auch nicht in der zehnten Generation"). Sie tritt in eine Familie ein, aus der der Messias geboren werden wird.

3. Die Botschaft Ruths

Ruth ist eine *gläubige, mutige* Frau. Sie verkörpert den Glauben an Gott und an die Zukunft des Volkes. Zugleich ist sie Symbol bedingungsloser Hingabe an Gott. Gott läßt niemanden allein, der sich ihm gegenüber so verhält. Sie repräsentiert ansatzweise den Glauben Davids, tritt ein in jene geheimnisvolle Geschichte des Glaubens, die der Hebräerbrief beschreibt und die von Jesus vollendet wird.

Man kann sie auch mit einer Gestalt aus dem Neuen Testament vergleichen. Da ist eine kanaanäische Frau, auch sie arm und verachtet wie Ruth. Jesus lobt sie auf ihre Worte hin („Aber selbst die Hunde bekommen von den Brotresten, die vom Tisch ihres Herren fallen"). Er sagt: „Frau, dein Glaube ist groß. Was du willst, soll geschehen!" (Mt 5, 27–28) Jesus lobt auch den Glauben Marias, seiner Mutter. Dort ist es aber Maria, die sagt: „Mir geschehe, wie du gesagt hast!" Hier heißt es: „Was du willst, soll geschehen!" Die kanaanäische Frau hat keinerlei Verbindung mit der Geschichte und den Verheißungen Israels. Sie läßt sich einfach von ihrem Herzen leiten. Ganz ähnlich ist die Gestalt der Ruth gekennzeichnet.

Ruth verkörpert auch den *beginnenden Glauben der Heiden an den wahren Gott.* Auch in dieser Hinsicht gibt es eine neutestamentliche Entsprechung. Es ist der Hauptmann von Kafarnaum, der Jesus um die Heilung seines Knechtes bittet: „Herr, ich bin es nicht wert, daß du mein Haus betrittst. Sprich nur ein Wort, dann wird mein Diener gesund ... Jesus war erstaunt, als er das hörte, und sagte zu denen, die ihm nachfolgten: Amen, das sage ich euch: Einen solchen Glauben habe ich in Israel noch bei niemand gefunden. Ich sage euch: Viele werden von Osten und Westen kommen und mit Abraham, Isaak und Jakob im Himmelreich zu Tisch sitzen. Die aber, für die das Reich bestimmt war, werden hinausgeworfen in die äußerste Finsternis" (Mt 8, 8.10–12).

Die Gestalt der Ruth hat mit jenem *Heilsuniversalismus* zu tun, den die Propheten verkünden. In ihrer Person stiftet sie ihn dem auserwählten Volk ein, und zwar jener Familie, aus der Jesus kommen wird. Wer das Buch Ruth liest, versteht auch die geistige Herkunft Jesu besser.

– Hier sei noch an zwei weitere Texte des Alten Testamentes erinnert, die für unseren Zusammenhang von Bedeutung sind. Da ist zum einen das *Buch Jona,* das ebenfalls Heilsuniversalismus bezeugt. Auch hier sind alle Gestalten sehr sympathisch: Die heidnischen Seeleute wollen dem Jona nichts Böses. Die Leute und der König von Ninive sind gutwillig. Nur Jona lehnt sich auf. Gott aber läßt ihm seine Barmherzigkeit zuteil werden. Jesus bezieht sich im Disput mit den Schriftgelehrten und Pharisäern auf den Glauben der Leute von Ninive: „Die Männer von Ninive werden beim Gericht gegen diese Generation auftreten und sie verurteilen, denn sie haben sich nach der Predigt des Jona bekehrt. Hier aber ist einer, der mehr ist als Jona!" (Mt 12, 41)

– Der andere Text ist eine Predigt des *Jesaja*. Auch hier geht es um die Allgemeinheit des Heils: „An jenem Tag werden fünf Städte in Ägypten die Sprache Kanaans sprechen und beim Herrn der Heere schwören. Eine von ihnen wird Ir-Heres heißen. An jenem Tag wird es für den Herrn mitten in Ägypten einen Altar geben, und an Ägyptens Grenze wird ein Steinmal für den Herrn aufgestellt. Das wird ein Zeichen und Zeugnis für den Herrn der Heere in Ägypten sein. Wenn sie beim Herrn gegen ihre Unterdrücker Klage erheben, wird er ihnen einen Retter schicken, der für sie kämpft und sie befreit. Der Herr wird sich den Ägyptern offenbaren, und die Ägypter werden an jenem Tag den Herrn erkennen. Sie werden ihm Schlachtopfer und Speiseopfer darbringen, sie werden dem Herrn Gelübde ablegen und sie auch erfüllen. Der Herr wird die Ägypter zwar schlagen, er wird sie aber auch heilen: Wenn sie zum Herrn umkehren, läßt er sich durch ihre Bitte erweichen und heilt sie. An jenem Tag wird eine Straße von Ägypten nach Assur führen, so daß die Assyrer nach Ägypten und die Ägypter nach Assur ziehen können. Und Ägypten wird zusammen mit Assur dem Herrn dienen. An jenem Tag wird Israel als drittes dem Bund von Ägypten und Assur beitreten, zum Segen für die ganze Erde. Denn der Herr der Heere wird sie segnen und sagen: Gesegnet ist Ägypten, mein Volk, und Assur, das Werk meiner Hände, und Israel, mein Erbbesitz!" (Jes 19, 18–25)

Dieses Versprechen messianischer Segnung und der Sammlung der Völker ist im *Buch Ruth* angelegt. Manchmal ist sich Israel der Zusammenhänge, die hier angesprochen sind, bewußt. Vollständig wird es sich aber erst am Ende der Zeiten erfüllen, wenn der Herr Jesus Christus alles dem Vater übergeben wird.

Bedenken wir die Aussagen des Buches Ruth auch unter dem Gesichtspunkt, wie Gott immer wieder in unser Leben eingreift. Er greift aber ein als einer, der uns liebt und der alle von uns segnen möchte. Wir sollten vielleicht für die Menschen beten, die uns anvertraut sind, aber auch für jene, die überhaupt zur Kirche gehören, und für die Leute, mit denen wir einfach zusammenleben. Der Segen des Herrn möge auf die ganze Menschheit herabsteigen!

Wer dient, ist der Größte

Jakobus der Ältere hat als erster der Apostel das Martyrium erlitten. Er ist einer der Patrone des christlichen Europa. Für sein Fest hätte man wohl etwas passendere Lesungen aussuchen sollen, etwa die Erzählung von seiner Berufung und von der seines Bruders Johannes.

Mt 20, 20–28 ist ein Schrifttext, der unruhig macht. Man kann ihn ein wenig mit Mk 3 vergleichen, wo die Verwandten Jesu auftreten und sagen, er sei von Sinnen. Jesus weist diese „Initiative", mit der sie ihn zurückholen wollen, ab.

Auch hier im Evangelium dieses Festes, geht es um eine Initiative. Die Mutter des Jakobus und des Johannes bittet Jesus, ihre beiden Söhne möchten im Reich rechts und links vom Herrn sitzen. Jesus wendet sich zunächst an die beiden Jünger und führt mit ihnen ein Gespräch. Dann werden die anderen zehn zugezogen.

1. Wer hat eigentlich die unerquickliche Begegnung zwischen Jesus und der Mutter arrangiert, sie selber oder die Söhne? Unter Umständen steht ein familiärer Konflikt im Hintergrund. Man könnte sich vorstellen, daß die beiden eines Tages zu Besuch nach Hause kamen und von ihrer Mutter gefragt wurden, wie es ihnen denn gehe. Da werden sie geantwortet haben: „Wunderbar! Dieser Jesus ist ein großartiger Meister. Dem Johannes ist er ganz besonders zugetan. Vielleicht macht er ihn einmal zu seinem Nachfolger. Er hat uns beide auf einen Berg mitgenommen und uns ein Geheimnis anvertraut, das wir niemandem enthüllen dürfen." Die Mutter wird

mit dieser Antwort recht zufrieden gewesen sein. Wahrscheinlich meinte sie aber, da wäre doch noch etwas ... Die Söhne drucksen herum, sagen ihr dann, daß sie wohl gerne noch etwas genauer gewußt hätten, welche Rolle sie einmal im Reich Jesu spielen würden.

Auch bei uns passiert es, daß wir unsere Rolle in der Kirche genauer umschrieben hätten.

Auf die Fragen der Mutter sagen die Brüder, manchmal erscheine es so, als ob Petrus der erste sein sollte, manchmal wiederum, Johannes sollte es sein.

Da wird die Mutter gesagt haben: „Laßt mich nur machen!" Das werden Jakobus und Johannes nicht gewollt haben. Sie aber gibt sich nicht zufrieden und bittet um eine kurze Unterredung mit dem Meister. Sie bereitet eine lange Rede vor und übt sich immer wieder: Du bist ein großer Meister, du bist so gut, du liebst meine Söhne. So oder ähnlich wird sie formulieren. Sie wird ihm zu verstehen geben, daß sie Ehrenplätze verdient haben. Wenn du mich erhörst, werde ich dir herzlich danken, falls nicht, werde ich fragen, was die beiden denn Böses getan haben.

So geschieht das ja oft bei Leuten, die kein besonderes Amt erhalten. Sie fragen: Was habe ich denn Böses getan? Was habe ich falsch gemacht? Es ist nicht immer leicht, sie zu überzeugen, daß die Übertragung des Amtes an einen anderen nichts mit ihnen zu tun hat.

Als die Mutter nun zu Jesus kommt, vergißt sie ihre wohlvorbereitete Rede. Sie sagt ganz knapp: „Versprich mir, daß meine beiden Söhne in deinem Reich rechts und links neben dir sitzen dürfen!" (V. 21) Vielleicht denkt man auch an *Lk 10, 40*, wo Jesus auf Geheiß der Marta ihre Schwester Maria zur Hilfe anweisen soll („Sag ihr doch, sie soll mir helfen!").

Die Mutter der beiden Jünger ist so sehr auf das Wohl ihrer Söhne bedacht, daß sie es selbst zu diesem peinlichen Auftritt kommen läßt.

2. Wie verhält sich Jesus? Wir hätten ihm vielleicht geraten, er hätte sagen sollen, der Petrus habe ja schon den ersten Platz. Die Eltern sollten sich überhaupt nicht in die Verteilung der Ämter einmischen. Oder wir hätten ihm gesagt, er solle einfach Verzögerungstaktik betreiben. Jesus macht aber zuerst eine Feststellung, die sich nicht auf die Mutter bezieht, sondern auf die Jünger: „Ihr wißt nicht, um was ihr bittet." Mit diesen Worten will Jesus zum rechten Verstehen führen, ohne zu verletzen. Er begreift die Liebe der Mutter und möchte einfach erklären, daß ihre Bitte vielleicht nicht das Beste für die beiden ist. Dann fragt er: „Könnt ihr den Kelch trinken, den ich trinken werde?" (V. 22) Die Antwort der beiden („Wir können es") wird Jesus nicht zufriedengestellt haben. Wahrscheinlich hätte er lieber gehört: Worin besteht denn der Kelch? Was bedeutet, ihn zu trinken? Zu beachten ist, daß sich Jesus an die Jünger selbst wendet und nicht an die Jünger. Was die Mutter wünscht, ist faktisch sehr schwer für die Jünger. So will er ihnen helfen. „Ihr werdet meinen Kelch trinken", sagt er deshalb. Er fügt nicht etwa „gerne" hinzu, denn er weiß, daß es den Jüngern schwerfällt, in ihrem Glauben zu größerer Klarheit zu kommen.

Sie werden den Kelch ablehnen, sie werden ihn aber auch akzeptieren. Jakobus hat in seinem Martyrium den Kelch getrunken.

Jesus fährt fort: „Den Platz zu meiner Rechten und zu meiner Linken habe nicht ich zu vergeben. Dort werden die sitzen, für die mein Vater diese Plätze bestimmt hat" (V. 23). Jesus will sagen, daß der Platz als solcher keinerlei Bedeutung hat. Er überläßt die „Zuteilung" dem Vater. Was zählt und wichtig ist, das ist sein Wille.

Danach beginnen die wunderschönen Ausführungen über den Dienst: „Wer bei euch groß sein will, der soll euer Diener sein. Die Unvernunft einer Mutter gibt Jesus Gelegenheit, das wichtigste Gesetz für die Kirche zu formulieren. Zugleich bringt er sich selbst ins Spiel: „Auch der Menschensohn ist nicht gekommen, um sich dienen zu lassen, sondern *um zu dienen und sein Leben hinzugeben* als Lösegeld für viele." (V. 28) Wahrscheinlich können wir diese Worte nicht lesen, ohne rot zu werden. Das betrifft besonders mich, denn Dienst ist ja die Devise der Bischöfe. Sie sollen bis zur Hingabe ihres Lebens dienen.

3. *2 Kor 4, 7–15* ist ein guter Kommentar zu dem Evangelium: „Diesen Schatz tragen wir in zerbrechlichen Gefäßen. So wird deutlich, daß das Übermaß der Kraft von Gott und nicht von uns kommt."

Johannes, Jakobus und die Mutter sind eigentlich arme Leute. Sie erkennen die Eigenart der Größe des Reiches nicht. Zerbrechliche Gefäße sind sie ohne Wert. Aber sie tragen einen unglaublichen Schatz in sich: Johannes wird das großartige vierte Evangelium schreiben, Jakobus wird zum Blutzeugen werden. Deshalb werden sie es auf sich nehmen, von allen Seiten in die Enge getrieben zu werden, niedergestreckt zu werden und doch nicht vernichtet (vgl. V. 8). Das minderwertige menschliche Material braucht man nicht zu verachten, denn es enthält den Schatz Gottes.

Wir alle sind ein wenig wie Jakobus und Johannes. Wir denken nur an Posten und daran, wie wir einen Ehrenplatz erhalten können. Was aber eigentlich zählt, ist das wunderbare Handeln des Herrn an uns. Ich habe dieses Handeln in diesen Tagen der Exerzitien von neuem kennenlernen dürfen, als ich mit euch redete, mit jedem einzelnen von euch. Ich habe eure jeweilige Geschichte hören dürfen, durfte euren Mut und eure Hingabe erfahren. Das alles bewundere ich in euch. Ich weiß, daß sich so das Reich Gottes in seiner ganzen Kraft anzeigt. Die Kirche wird seit ihren bescheidenen Anfängen vom Heiligen Geist geführt. Wir können nur loben und danken.

Wenn ich auf euch blicke, denke ich auch daran, daß

Europa der Welt zur Einheit verhelfen soll. Nach der Verheißung des Jesaja wird ein Tag kommen, an dem Ägypten (als Afrika) und Assur (also Asien) und Israel eine Einheit sein werden. Das wird seinen Ausgang von Israel nehmen.

Petrus und Jakobus sind von Jerusalem gekommen, um das Christentum nach Europa zu tragen. Aber der weitere Weg ist noch sehr lang. Wir sind beauftragt, für das Ideal der Einheit zu beten und zu arbeiten. Deshalb ist auch die Feier der Eucharistie die vornehmste Aufgabe der Kirche. Durch sie wird Einheit, und zwar nicht nur sinnbildlich, sondern in Wirklichkeit.

Um diese Gnade wollen wir bei dieser letzten gemeinsamen Meßfeier bitten. Das Allerheiligste Altarsakrament ist die wirkliche Mitte von Kirche und Welt.

Bücher der Wegbegleitung für Gottsucher

Henri J. M. Nouwen

Nachts bricht der Tag an
Tagebuch eines geistlichen Lebens
2. Auflage, 272 Seiten, Paperback. ISBN 3-451-21443-1

Zeugnis eines geistlichen Ringens um den Weg mit Gott. Psychologischer Scharfblick, geistliche Sensibilität und Erzähltalent machen dieses Buch zu einem eindrucksvollen Leseerlebnis und geistlichen Gewinn.

Henri J. M. Nouwen

Zeige mir den Weg
Texte für alle Tage von Aschermittwoch bis Ostern
Herausgegeben von Franz Johna
144 Seiten, gebunden. ISBN 3-451-21839-9

Ein „Fastenkalender" mit den Kerntexten eines herausragenden religiösen Autors und Lehrmeisters des Gebets. Eine Einladung und Hilfe, den österlichen Weg der Nachfolge neu zu wagen. „Es ist zu wünschen, daß dieses Buch als Wegbegleiter durch die Fastenzeit in die Hand vieler Beter kommt" (Christ in der Gegenwart).

Henri J. M. Nouwen

Der dreifache Weg
4. Auflage, 160 Seiten, Paperback. ISBN 3-451-20019-8

In diesem Buch sagt der weltbekannte geistliche Schriftsteller, was für ihn Christsein bedeutet und wie er selbst den Weg des geistlichen Lebens geht. Nouwen beschreibt die Spannungen und Konfliktfelder auf diesem Weg mit ungewöhnlicher Tiefe und Feinfühligkeit.

Henri J. M. Nouwen

In ihm das Leben finden
Einübungen
5. Auflage, 104 Seiten, Paperback. ISBN 3-451-19549-6

„Es ist gerade die Einfachheit dieses Buches, die zugleich seine Tiefe ist und das, was es so anziehend macht. Die Frische der Gedanken ist erstaunlich. Eine Einführung in das geistliche Leben" (Radio Vatikan).

Verlag Herder Freiburg · Basel · Wien